ウィズコロナ 日本株にビッグウェーブがやって来る！

Japanese big wave

複眼経済塾・塾長
渡部清二

複眼経済塾・塾頭
エミン・ユルマズ

かや書房

はじめに

《渡部清二》

「ジャポニスムの再来」

われわれ複眼経済塾がこの大きなテーマを掲げたのは、5年前の2015年3月のことでした。ジャポニスムとは、1860年代のヨーロッパから始まり、約50年にわたり全世界を席巻した「日本ブーム」のことです。世界的な画家であるゴッホやモネ、ゴーギャンなどにも大きな影響を与えたことは有名で、同時期、株式市場で指標的な銘柄だった「東京株式取引所株（通称『東株』）」も約300倍に大化けする大きなうねりとなりました。

そのジャポニスムが再来する。

このテーマを掲げた当時は、再び全世界から日本が注目される時代がやってくるのではないかという期待に過ぎませんでした。しかし同年、訪日外国人数は過去最高の2000万人弱となり、45年ぶりに訪日外国人数が出国日本人数を上回るという逆転現象が起き、日本人気とインバウンド消費に一気に火がついて風向きは変わりました。

そして今回のコロナ禍で、日本人の感染者数が圧倒的に少なかったことや、日本人が冷静な行動をとり、一斉にテレワークに踏み切り、働き方改革を推進するなど早い切り替えを見せたことで、日本の底力が再確認され、期待は確信に変わったのです。
ジャポニスムは間違いなく再来し、日本株は再び世界一を目指す、と。

この「気づき」のきっかけは、現在も継続している『会社四季報』読破が与えてくれたものです。それは2015年2集「春号」(3月発売)の『会社四季報』で見つけたリーバイ・ストラウス・ジャパン(現在は非上場)の印象的なコメントでした。リーバイ・ストラウス・ジャパンは、「リーバイス」ブランドで有名な米国のジーンズメーカーの日本法人で、その四季報コメントに「直営・FCも『メイド・イン・ジャパン』を打ち出し需要喚起」と書いてあったのです。

このコメントは、普段は読み飛ばしてしまいそうな何気ないものでしたが、私の頭の中に、「なぜ日本人がこだわらない日本製に、外国企業はこだわるんだろう?」との疑問がわいたのです。

そして外国企業が日本製にこだわる事例がほかにもあるのか、身近なところから見まわしてみると、意外にもたくさんあることに気づきました。例えば、パソコン世界首位の中国レノボグループが、その年から主力ブランドのパソコンを日本で生産するというニュースや、すでに中国から東京昭島に生産拠点を移した、米国パソコンメーカーの日本ヒューレット・パッカードは、自社製品に「ＭＡＤＥ ＩＮ ＴＯＫＹＯ」と、さらにこだわったロゴを入れている事例などでした。

それでは外国企業が日本製へのこだわりを見せることが、ジャポニスムの再来とどのような関係があるのか。ジャポニスムの本質は、日本人自身が気づいていない「日本の魅力」を、日本人より外国人が先に気づき高く評価し、それが世界に広まったことです。

その広がりは浮世絵や陶磁器などの伝統工芸品から、生活様式や美意識などの日本の文化に至るまで、幅広い分野におよびました。外国企業が日本製へのこだわりを持ったことは、ジャポニスムと同様に、日本人が気づいていない「ジャパン・クオリティ」という日本製の価値を、外国人が先に気づき、高く評価し始めたということなのです。

そして今回の新型コロナは、ジャポニスムの再来を加速させる要因となりました。

ヒト、モノの流れが止まり、世界が分断され、ようやく日本企業も海外生産に依存した体制にリスクを感じ始め、生産拠点を日本国内に回帰させる動きを見せています。

一方で、世界が新型コロナを経験したことで、人々はより安心で安全な「ジャパン・クオリティ」を求めるようになり、これまで海外に流れていたヒト・モノ・カネが日本に戻ってくる流れとなりました。同時に、「コロナの発生源は中国である」と批判する米国は、中国への投資を抑制し、世界の巨額な運用資金も行き場を失っています。

そのような状況下、いまだ史上最高値から4割も安い水準で放置されている日経平均に代表される日本株は、最も安全かつ割安で、しかも最も将来性のある市場であることに世界の投資家は気づき始めました。このような動きはまだ胎動《たいどう》に過ぎず、「ジャポニスムの再来」という本当のビッグウェーブはここから始まります。

まだ日本は夜明け前です。一人でも多くの方がこの事に気づいてくださり、このビッグウェーブに乗ることができれば、筆者としてこれ以上の喜びはありません。

渡部清二

目次

装　丁／明日修一
表紙写真／岩本幸太

第一章

日経平均は２０２３年に史上最高値、２０２５年に５万円になる

図1

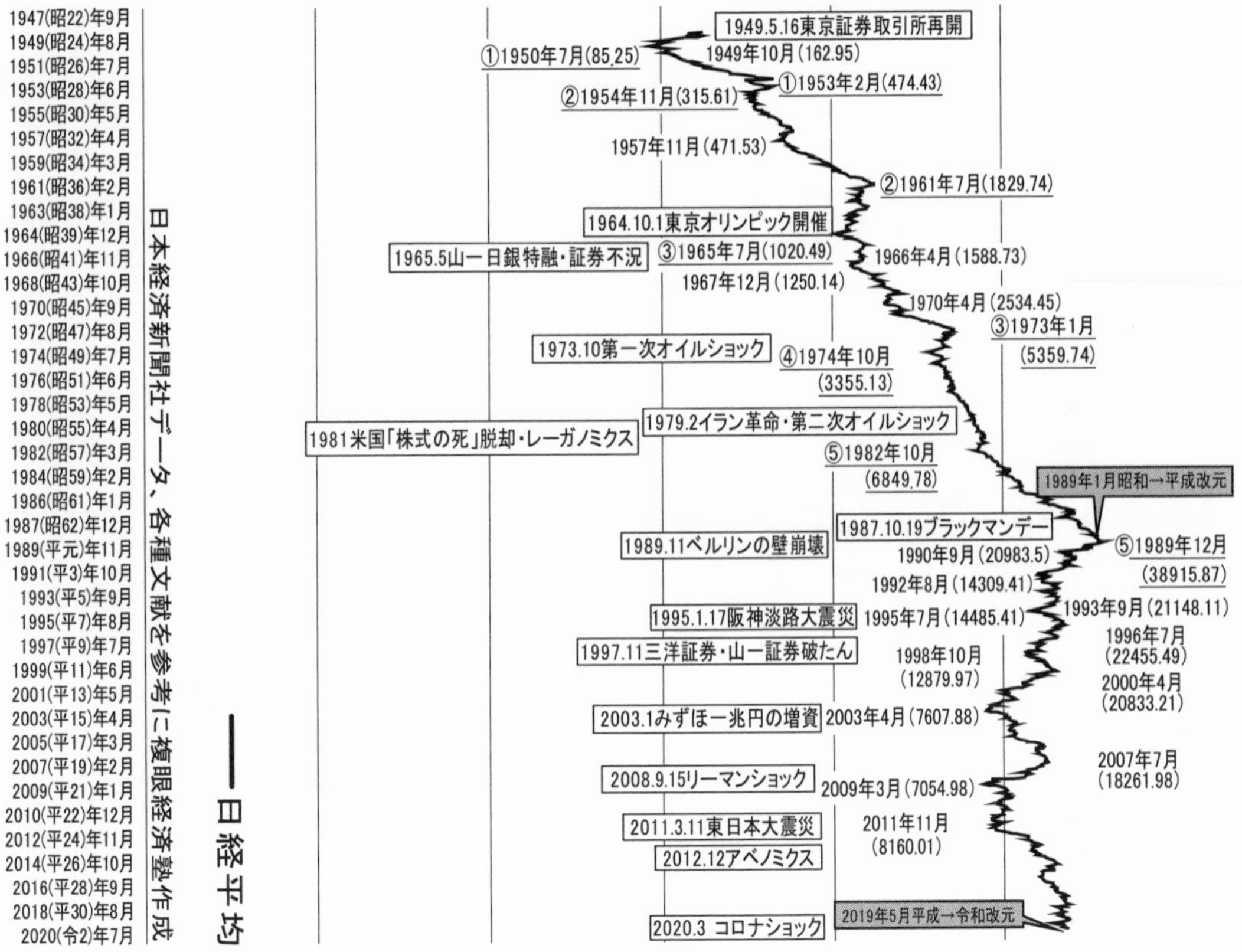

日本経済新聞社データ、各種文献を参考に複眼経済塾作成
日経平均
1947(昭22)年9月
1949(昭24)年8月
1951(昭26)年7月
1953(昭28)年6月
1955(昭30)年5月
1957(昭32)年4月
1959(昭34)年3月
1961(昭36)年2月
1963(昭38)年1月
1964(昭39)年12月
1966(昭41)年11月
1968(昭43)年10月
1970(昭45)年9月
1972(昭47)年8月
1974(昭49)年7月
1976(昭51)年6月
1978(昭53)年5月
1980(昭55)年4月
1982(昭57)年3月
1984(昭59)年2月
1986(昭61)年1月
1987(昭62)年12月
1989(平元)年11月
1991(平3)年10月
1993(平5)年9月
1995(平7)年8月
1997(平9)年7月
1999(平11)年6月
2001(平13)年5月
2003(平15)年4月
2005(平17)年3月
2007(平19)年2月
2009(平21)年1月
2010(平22)年12月
2012(平24)年11月
2014(平26)年10月
2016(平28)年9月
2018(平30)年8月
2020(令2)年7月
1949.5.16東京証券取引所再開
1949年10月(162.95)
①1950年7月(85.25)
①1953年2月(474.43)
②1954年11月(315.61)
1957年11月(471.53)
②1961年7月(1829.74)
1964.10.1東京オリンピック開催
1965.5山一日銀特融・証券不況
③1965年7月(1020.49)
1966年4月(1588.73)
1967年12月(1250.14)
1970年4月(2534.45)
③1973年1月
(5359.74)
1973.10第一次オイルショック
④1974年10月
(3355.13)
1979.2イラン革命・第二次オイルショック
1981米国「株式の死」脱却・レーガノミクス
⑤1982年10月
(6849.78)
1989年1月昭和→平成改元
1987.10.19ブラックマンデー
1989.11ベルリンの壁崩壊
⑤1989年12月
(38915.87)
1990年9月(20983.5)
1992年8月(14309.41)
1993年9月(21148.11)
1995.1.17阪神淡路大震災
1995年7月(14485.41)
1996年7月
(22455.49)
1997.11三洋証券・山一証券破たん
1998年10月
(12879.97)
2000年4月
(20833.21)
2003.1みずほ一兆円の増資
2003年4月(7607.88)
2007年7月
(18261.98)
2008.9.15リーマンショック
2009年3月(7054.98)
2011.3.11東日本大震災
2011年11月
(8160.01)
2012.12アベノミクス
2019年5月平成→令和改元
2020.3 コロナショック

日本の相場 ～株式市場142年の歴史～

2020年に142年目を迎える日本の株式市場

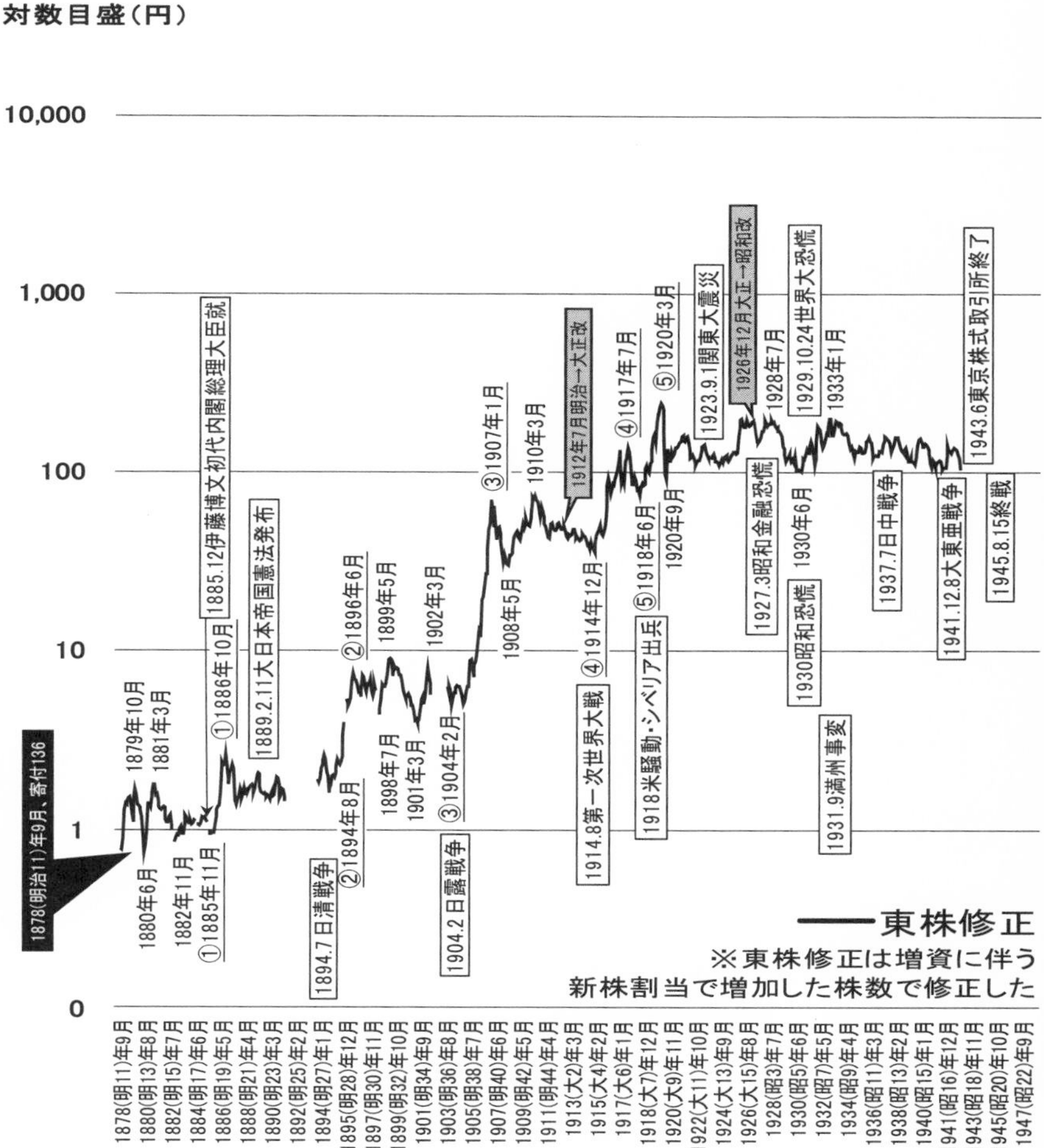

世界中のお金が日本に戻って来る

渡部　本書のタイトルは『ウィズコロナ 日本株にビッグウェーブがやって来る！』です。そんなバカなと思われる方もいらっしゃるかもしれませんが、簡単に言いますと、「世界には運用しないといけないお金というものがあり、それがどこに行くのか？」ということなんです。バブルのときにはこのお金が日本に来ていました。ところが平成時代にアメリカに行ってしまった。しかし現在、日本に戻りつつあるということなんです。

エミン　今回のコロナ騒動の前から私は、日本の株式市場は上昇し、日経平均が30万円以上になると言ってきましたし、この考えは現在も変わりません。それどころか、今回のコロナ禍の影響で、こちらが想定していた日本株の上昇傾向がさらに加速するとさえ思っています。われわれが主宰し、投資ノウハウを教える「複眼経済塾」では、２０２３年には日経平均はバブルのときの最高値、３万９８００円を超え、５年以内に５万円に到達すると見ています。

渡部「なぜ日本に戻ってくるのか」ということを説明する前に、アメリカと日本の株式市場における株価と時価総額の推移を見てください（図2を参照）。ニューヨークダウとS&P500（ニューヨーク証券取引所やNASDAQなどに上場している代表的な500の銘柄を基にした株価指数）、それに日経平均のそれぞれを1950年に1とした場合、その後の伸び率は、なんと日経平均が40年後の1989年末には420倍にも上昇しました。それに対してニューヨークダウは13・6倍、S&P500は20・7倍。日経平均との格差は約20倍にもなっています。

エミン　1989年というのは昭和から平成に移った年であり、日経平均が史上最高値の3万8915円を記録した年です。

渡部　最高値を記録した1989年の年末時点での日本株価を時価総額でいうと、590兆円にもなります。当時の為替はだいたい140円前後でしたので、ドルに直すと4・1兆ドルでした。

エミン　それだけのお金が日本に来ていたということですね。

渡部　当時のアメリカ市場の時価総額はだいたい3兆ドル前後でしたので、日本市場の時価総額のほうが大きかったのです。おそらく当時の世界における時価総額の約半分が日本

図2

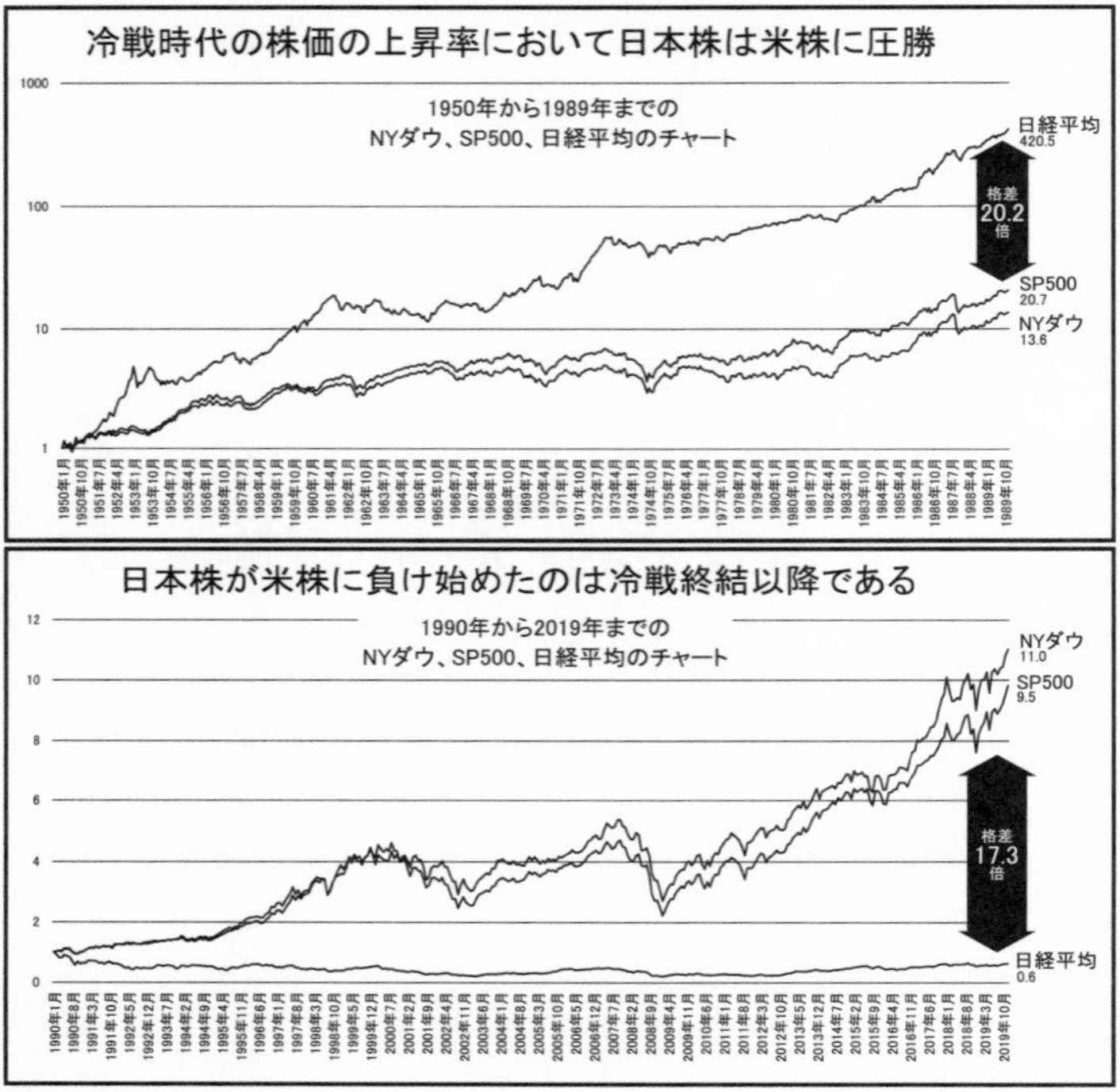

市場に向けられていました。世界中のお金が日本の株式市場に向けられていたと言ってもいい。

エミン　しかし、１９８９年を境にして、日本株は低迷期に入ってしまいます。

渡部　今度は１９９０年を１にして、２０１９年までの30年間を見てみると、日経平均はほとんど上昇せず、横ばいの状態どころか、０・６倍。つまり40%も下がってしまいました。それに対してアメリカは途中、リーマン・ショックなどがあったにもかかわらず、ニューヨークダウで11倍、S&P500で9・5倍も上昇しており、日本との格差は17・3倍となっています。

エミン　30年前の1989年には日本市場のほうがアメリカより約20倍もアウトパフォームしていたのに、2019年には逆に日本のほうがアメリカより約17倍もアンダーパフォームしてしまいました。

渡部　2019年末のアメリカ市場は時価総額で言うと、だいたい35兆ドルです。1989年の段階で、世界でもっとも時価総額が大きかった日本の株式市場が4・1兆ドルですから、現在は約8・5倍も大きくなっています。それだけのお金がアメリカの株式市場に行ってしまったということです。

エミン　アメリカ株は1990年以降、日本でいえば平成の時代に大きく上昇しましたが、今後も上昇し続けるかというと、ちょっと疑問です。これまでアメリカ株を引っ張ってきたのは知的財産を多く保有しているIT関連企業でした。しかしこれらの企業は株価が上がりすぎです。ですからアメリカ株は、今後30年を見た場合、おそらく2倍か3倍くらいには株価が上昇するでしょうが、それ以上の成長は見込めません。それに対して日本株は13倍から15倍は成長すると私は見ています。

日本株には40年上昇し、23年間下がるというサイクルがある

渡部　「日本株が13倍から15倍も上昇する」と言うと、「まさか」と思う人がいるかもしれませんが、根拠があります。日本の株式市場は１９８９年の段階では世界で最も時価総額が大きかったのです。そのお金が現在はアメリカの株式市場に行き、アメリカ市場は世界最大の時価総額となっています。しかし、今後再び日本市場にお金が戻ってくれば、エミンの言うとおり15倍ぐらいには上昇します。過去に世界一になったことがある日本の株式市場だからこそ、再び世界一になることもけっして不可能ではありません。

エミン　私は今回のコロナ禍以前から、日本株はすでに上昇サイクルに入っていると思っていました。というのも、これまでの株式市場の動きを調べてみると、日本の株式は約40年かけて上昇し、その後、約23年間の停滞期があり、再び上昇期を迎えるという動きを繰り返してきたのです。

渡部　詳しく見ていきましょう（図1参照）。日本の株式市場は１４０年以上もの歴史が

あります。スタートは1878年（明治11）年9月16日です。この日、日本最初の上場会社となる東京株式取引所（通称「東株」）の初値がつきます。また同年、日本最古の株式会社である第一国立銀行（現みずほ銀行・旧第一勧銀銀行）の株式も上場されました。その当時は現在の日本の株式市場が目安としている日経平均はなく、東京株式取引所の株価を目安としていました。その推移を見ていくと、日本の相場はスタート時から上昇していき、株価のピークを迎えるのが1920（大正9）年3月。つまり、1878年9月のスタートから41年6カ月の間、上昇期にあったということです。

エミン　しかも、1878年のスタート時の株価は一株136円だったものが、1920年のピーク時には、株式分割も考慮した修正株価ベースで297倍になっています。

渡部　しかし、そこから低迷期に入っていきます。そして、日本の株式市場がスタートして64年目となる、1943（昭和18）年6月に、東京、大阪、横浜、名古屋、京都、神戸、博多、広島、長崎、新潟、長岡の株式取引所が日本証券取引所に統合されました。

エミン　戦争の激化とともに日本は株式市場どころではなくなっていったのです。

渡部　日本各地の株式取引所が日本証券取引所に統合されましたが、結局、終戦とともに株の値段が付かないようになり、株の取引そのものが成立しなくなりました。

エミン　戦争の影響がそれほど大きかったということです。

渡部　１９２０年の株価ピーク時から、この各株式取引所が統合された１９４３年の６月までを低迷期とすると、その期間は23年と３カ月になります。その後、１９４５年に日本が戦争に負け、株式市場はＧＨＱによって閉鎖されますが、１９４９（昭和24）年５月に、再び株式市場が復活します。

エミン　この年から2度目の株式上昇期が始まりました。

渡部　戦後からは日本の株式市場の指標として日経平均を用いることにして、その推移を見ていきますと、１９４９年5月の再スタートから日本の復興とともに株価は上昇していき、ピークを迎えたのが１９８９（平成元）年の12月。史上最高値の３万８９１５円を記録しました。

エミン　戦後の再スタートから株価が史上最高値を記録した１９８９年12月まで何年かかったかというと、40年と7カ月です。それは戦前の株価の上昇期間と見事に一致します。

渡部　戦前の株価の上昇期間は41年と6カ月でした。ほとんど同じといっていい。

エミン　つまり日本の株は約40年という上昇期間を2度も体験しているということです。しかも、２度目の上昇期では株価が２２５倍にも上昇しました。これも1度目の上昇期の

２９７倍と同じような上昇率です。

渡部　さらに株価がピークに達した後に低迷期に入ったのも、戦前と同じ動きをしています。上昇してピークに達した株価は１９８９年12月以降、長い低迷期に入りました。それを脱出したのは、第二次安倍政権が誕生し、大胆な金融緩和政策などを行った２０１３年以降です。そこから株価が再び上昇傾向に転じました。その間《かん》の低迷期間は約23年。戦前の株価が低迷した期間が23年と３カ月で、これもまた見事に一致します。

エミン　このことから、日本株のサイクルは40年間上昇して23年間下げるというパターンがあるということがわかります。このサイクルを現在に当てはめてみると、日本は２０１３（平成25）年から新しい40年間の上昇サイクルに入ったということになります。

渡部　もちろん多少の上がり下がりがあったり、今回のコロナ禍などさまざまな予測できない動きもあったりしましたが、大きなスパンで考えれば、たしかに現在の日本株は上昇傾向にあります。

エミン　しかも、それぞれの40年の上昇期で、１度目のときは株価が２９７倍になり、２度目のときは２２５倍にも上昇しました。となると、今回の３度目のピークには、同じように２００倍以上に株価が上昇する可能性も大いにあります。今後の30年を見た場合、日本株は13倍から15倍は成長すると先に述べましたが、その数字もかなり控えめなのです。

渡部　エミンの予想では、日経平均は30万円以上になります。現在の日経平均が２万２０００円ぐらいですから、30万円というのは13・５倍ぐらい。達成できない数字ではありません。

エミン　それどころか、30万円以上にもなる可能性さえあるということです。

サイクルの変換点には同じことが起こる

渡部　さらに詳しく見ていくと、面白いことがわかります。その一つは、株式市場は64年目ごとに、なぜか取引所が統合されるということです。

エミン　たしかに戦前の日本株式市場は１８７８年（明治11）年にスタートし、その64年目の１９４３（昭和18）年に太平洋戦争の激化を受けて、各地に点在していた東京を含めた11カ所の株式取引所が日本証券取引所という一つのものに統合されました。戦後は、１９４９（昭和21）年５月に再び株式市場が復活し、その64年後の２０１３年に……。

渡部　大阪と東京の株式取引所が統合されて「日本取引所グループ（ＪＰＸ）」が誕生しています。

エミン　しかもこの二つの事実に対して、共通していることがあります。それは、株価の低迷期がその時点で終わりを迎えているという事実です。

渡部　取引所が統合されると、次の株価の上昇サイクルが始まるということです。

エミン　なぜ上昇サイクルが始まるのか。一つの理由としては、資金が一カ所に集まることで資本市場の効率性が増すからだと考えられます。ですから２０１３年に起きた取引所の統合から見ても、現在の日本株は上昇サイクルに入っていると言えます。

渡部　過去の日本株の動きを調べてみますと、興味深い共通点はまだあります。それは、株価のピーク後になぜか大地震が起きているという事実です。

エミン　戦前の日本株で最高値をつけたのは１９２０年３月。その３年半後に関東大震災が起きています。一方、二度目のピークを迎えた１９８９年の５年後には阪神大震災が起きています。

渡部　さらに株価が上昇サイクルに入る前には、それまでの価値観を大きく変える出来事があったことも共通しています。戦前の上昇サイクルの開始は日本に初めて株式取引所ができたときです。それは「明治維新」という大変革があったあとでした。そして戦後の株式取引の再スタートは、太平洋戦争があり、敗戦があって、日本国憲法のもとに新しい日本に生まれ変わったあとでした。

エミン　２０１３年からの新しい上昇サイクルの開始時には、その2年前に東日本大震災があり、福島原発事故という、これまで経験したことがない未曾有《みぞう》の災害がありました。明治維新や敗戦に匹敵するような、以前の価値観を大きく揺さぶった出来事でした。

渡部　価値観が大きく変わることで、新しい何かが生まれていくパワーが生まれ、それが日本経済や株式市場にも影響し、株価が上昇気流に入っていくのかもしれません。

エミン　上昇期間が40年ということも、日本のある種のシステムが順調に機能する期間が約40年だということかもしれませんね。

渡部　金属疲労とでもいいますか、40年以上経つと、それまで続いてきたシステムが錆《さ》びついて動かなくなり、その後に新しいシステムが立ち上がっていくために約23年の低迷期が必要だということなのでしょう。

冷戦時には日本株は上昇する

エミン　日本の株価の上昇サイクルが冷戦開始と重なることも見逃してはいけません。

渡部　冷戦というのは、第二次世界大戦が終結したあとにアメリカを代表とする西側諸国とソ連を代表とする東側諸国が対立した東西冷戦のことです。

エミン　１９８９年12月に日経平均は史上最高値をつけました。その前月に、東西冷戦の象徴ともいえるベルリンの壁が崩壊しています。この年にはハンガリーやブルガリア、チェコスロバキアという東側の諸国の独裁政権が次々と崩壊し、東西冷戦に風穴が空《あ》く事件が起きていました。そして、2年後の１９９１年12月にソ連が崩壊して東西冷戦が終結します。

渡部　戦後の日本株式市場のスタートは東西冷戦の開始とも合致していますから、東西冷戦の間に日本株は上昇し、冷戦終結に合わせて上昇期も終わったということになります。

エミン　23年間の低迷期の後、２０１３年以降に再び日本株は上昇サイクルに入りましたが、今回の上昇サイクルの始まりは、アメリカとロシア、中国、特に米中の対立が鮮明になっていった時期と重なっています。つまり、新冷戦の開始と歩《あゆ》みを同じくしています。

渡部　今でこそ「新冷戦」という言葉は、アメリカと中国との貿易戦争の激化とともに一般的に使われるようになりましたが、エミンはかなり早い時期から「新冷戦」という言葉を使っていました。

エミン　いわゆるシリア内戦で対立している国々を見て、これは新たな冷戦構造を形成しているのではないかと気づき、私は２０１５年頃から「新冷戦」という言葉を使ってきました。つまり、シリアのアサド政権を支援するロシアや中国、イランなどに対して、反アサドであるアメリカやイギリス、トルコ、サウジアラビアなどの国が対峙するという構図です。２０１４年のウクライナ騒乱やそれに続くロシアのクリミア侵攻も現在から考えると、「新冷戦の象徴的な出来事だった」と言えます。

渡部　それがアメリカと中国との間での貿易戦争に移り、米中新冷戦が長期化の様相を呈しているのが現在の状況です。

エミン　アメリカのトランプ大統領が２０１６年の大統領選挙の期間中に中国との貿易不《ふ》均衡《きんこう》を問題として取り上げ、大統領に就任したのちに中国に対して是正を求めたものの改善がありませんでした。そのため中国に追加関税を発令したことによって米中貿易戦争は激化していきました。

渡部　アメリカによる中国に対する追加関税は２０１８年７月以降４度に渡りますが、それに対して中国も同じような追加関税をアメリカに課すことで対立はますます激化していきました。

エミン　私は貿易戦争を仕掛けたのはアメリカではなく、中国であると考えています。というのも中国はグーグルやフェイスブック、ツイッターといったアメリカの主要企業を中国市場から締め出しておきながら、アリババやバイドゥなどの中国企業はアメリカの証券取引所に上場させています。アメリカ市場に上場するということは、アメリカから資金を調達するということです。これはアメリカからすれば不公平そのものです。

渡部　トランプ大統領が中国の通信会社であるファーウェイをアメリカから追放しようとしていることも、米中の対立を深めていますね。

エミン　２０２０年に入ってアメリカはファーウェイ向けのハイテク輸出規制を強化するなどして、事実上の禁輸措置を発表しています。ファーウェイがアメリカの機密情報を盗もうとしていることを阻止する目的もありますし、５Gという画期的なインフラに関しての覇権争いでもあります。しかしアメリカが中国に対してこれまで行ってきた措置は、私は遅いくらいだと思っています。2018年以前に始めるべきでした。

渡部　アリババがニューヨーク証券所に上場したのは2014年ですからね。

エミン　一方、グーグルが中国政府によるネット検閲などを理由に中国市場から撤退したのは2010年です。

渡部　イギリスも今年、2020年、アメリカに同調して、次世代通信システムである5Gネットワークからファーウェイの製品を排除すると発表しました。ファーウェイからほかに切り替えるために3000億円以上余計に経費がかかりますが、それでも排除しました。新冷戦はアメリカの同盟国を巻き込んで激化しつつあります。

エミン　そもそも「新冷戦」という言葉は、アメリカのペンス副大統領が2018年10月にハドソン研究所で演説したことがきっかけで広く世界で使われるようになりました。このとき、ペンス副大統領は、「アメリカと中国の対立は貿易だけではなく、安全保障を含む幅広い分野における対立だとして、アメリカがけっして退《ひ》くことはない」と宣言しました。このペンス演説をきっかけに「新しい冷戦の開始だ」とアメリカの新聞が言い始めましたが、これまで見てきたように、米中新冷戦は2018年以前からすでに始まっていたと私は見ています。

渡部　それが、日本の株価が上昇サイクルに入った２０１３年頃だということですね。

エミン　そうです。日本では第二次安倍政権が２０１２年（平成24年）12月26日に誕生していますが、新冷戦の開始もほぼ同時期だと私は考えています。

渡部　なるほど。こうして見てくると、新冷戦の始まりは、過去の東西冷戦のときと同じように、何か新しい大きなうねりが起き始めているということでもあるのでしょう。だからこそ、その新しいうねりが日本株にも影響し、上昇するチャンスとなっている。

エミン　実際に、日本の株価はすでに上昇サイクルに入っています。

渡部　たしかに米中新冷戦の象徴である米中貿易戦争が今後さらに激化した場合、漁夫の利を得るのは日本企業です。高い関税がかけられることでアメリカ市場における中国製品の価格が上昇すれば、アメリカ人はこれまでのように中国製品を買わなくなります。

エミン　アメリカ人が中国製品を買っていたのは、品質の良さではなく、単に価格が安かったからだけにすぎません。価格が上がれば誰も買わなくなります。

渡部　そうなればそれに代わる製品として、メイド・イン・ジャパンが浮上してもおかしくはありません。日本企業は自社製品を売り込む絶好のチャンスです。

エミン　それに中国は「一帯一路」という経済圏を構築して世界の覇権を狙っていますが、

評判が良くありません。「一帯一路」とは途上国に中国が資金的な援助をして、港湾整備などを進めていく政策ですが、中国の甘い言葉に乗せられて高い利子でお金を借りて自国の港などを整備しても、借金のカタにせっかく開発した港を中国に取られるというようなことがすでに起こっています。

渡部　いわゆる「債務の罠」ですね。その代表的な例としてスリランカが挙げられます。スリランカの重要な港であるハンバントタ港の整備が中国資本のもとで進められましたが、建設費用が返済できなくなり、結局はハンバントタ港の所有権が実質的に中国の手に渡ってしまいました。

エミン　インドネシアでも中国が受注した高速鉄道の建設が少しも進まないので、結局、日本に助けを求めるようなことも起こっています。

渡部　インドネシアの高速鉄道は、建設にあたって日本と中国が激しい受注合戦を繰り広げましたが、中国が建設費を肩代わりすると言って請け負うことが決まりました。しかし実際には、なかなか工事が始まらなかったのです。建設に要する土地収用が遅れたり、建設工事そのものが予定通りには進まなかったりしました。中国にそれだけの経験と技術がなかったことが原因です。インドネシア政府も、最初から日本に頼んでおけば良かったと後悔していると思います。だからこそ日本に助けを求めてきたのです。

エミン　日本の技術は確かですから。最初こそ中国の甘い言葉に釣《つ》られていましたが、世界はそれほどお人好しではありません。中国は一帯一路構想で世界を支配したいようですが、そう簡単にはいきません。それどころか、インドネシアのように、日本の良さを世界に再確認させてしまうことになるでしょう。

渡部　イギリスはファーウェイの代わりに、日本のＮＥＣや富士通に協力を求めてきました。

エミン　新冷戦のうねりは、確実に日本にとって追い風になっています。

渡部　そのうえ、今回のコロナ禍です。新型コロナウイルスは中国の武漢から発生して世界中に広まりました。そのため、いっそう中国に対する不信感が募っています。中国に対する世界の評判は落ちるばかりです。

エミン　ますます日本が浮上する余地が出てきたということです。

元号2年の共通点にも注目

渡部　過去の日本の株式の動きを見ると、もう一つ、興味深いことがあります。それは新しい元号になり、元号元年から2年になるとき、同じような出来事が起こるということです。大雑把《おおざっぱ》に言いますと、元号2年の年には、過去の古い象徴がなくなり、新しいものが生まれるという共通点があります（図3を参照）。まず明治２（１８６９）年は、明治維新のあとですから、多くの古いものがなくなり、新しいものが生まれました。具体的には、2月に新しい貨幣が決定され、6月に大名が治めていた土地と民を朝廷に返す版籍奉還《はんせきほうかん》が行われ、7月に廃藩置県の意見書が提出されました。日本国は新しい国の形をつくりだそうとしていたのです。9月に明治維新の立役者であり、幕末の象徴でもあった大村益次郎が暗殺されました。10月には明治13（１８８０）年に事実上の国歌となる「君が代」を軍楽隊教官であったイギリス人ジョン・ウィリアム・フェントンが作曲をしました。さらに12月には東京と横浜との間で電信回線が敷設され、通信が開通しました。

図3

●其の五、大転換の2020年！ ～新しい時代の流れとは～

■「元号2年」の主な出来事（決定版昭和史より）と株式市場

➢ 2年は過去の象徴がなくなり新しいものが生まれる一方、政治・経済は混乱！

●明治2（1869）年

2月　新貨鋳造決定、造幣局設置
6月　版籍奉還
7月　廃藩置県の意見書（実施は明治4年）
9月　大村益次郎襲撃され死亡
10月フェントン「君が代」作曲
12月東京−横浜間で通信開通

●大正2（1913）年

2月　第1回東洋オリンピック（マニラ開催）
2月　桂太郎内閣総辞職（2886日最長）
※2019年11月19日安倍政権が抜く
8月　女性3人初の東北帝大合格
10月　日本政府、中華民国承認（成立1912年）
11月　徳川慶喜死去（77歳）

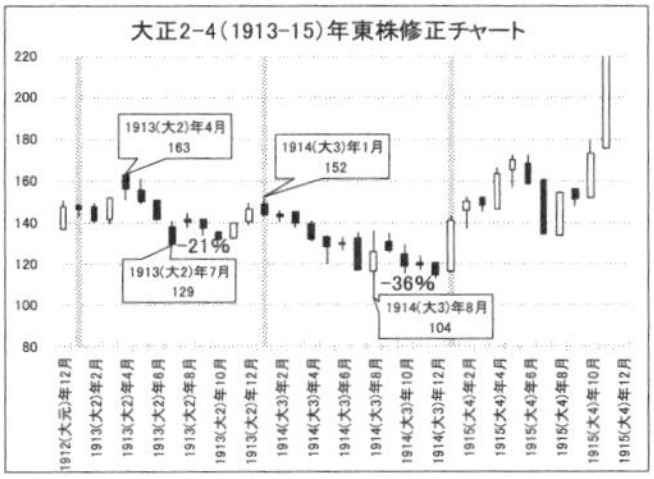

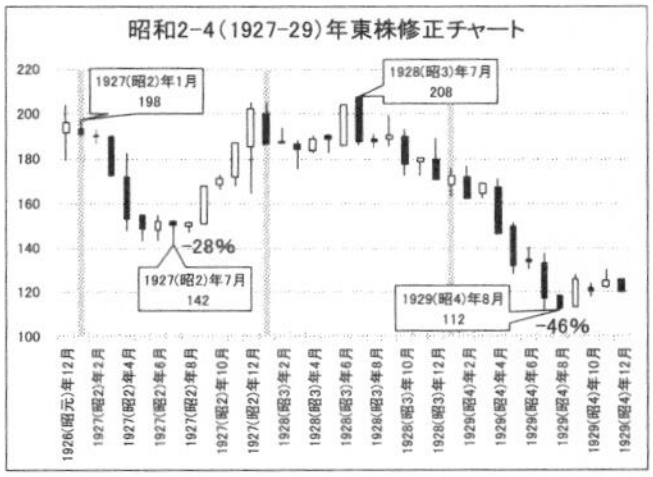

●昭和2（1927）年

1月　健康保険法による給付開始
3月　片岡蔵相、東京渡辺銀行破綻と失言取り付け騒ぎで金融恐慌始まる
3月　中国国民革命軍、日本領事館襲撃
4月　小田急電鉄、新宿−小田原間開通
4月　鈴木商店破産（2日）　※緊急勅令で3週間のモラトリアム実施
4月　田中義一（山口県）内閣、強硬策
5月　リンドバーグ大西洋横断飛行成功
8月　政府の通達で銀行合併相次ぐ
8-9月　西日本で雷雨（死者75人）、九州沿岸に大津波（死者373人）
12月　東京・上野−浅草、初の地下鉄（10銭、現在170円⇒1700倍）

【話題】同年所得額（東京日日新聞）
1位：岩崎久彌431万円（現在73億円）
2位：三井八郎右衛門339万円（57億円）

●平成2（1990）年

3月　大蔵省、総量規制を示達、バブル崩壊
6月　礼宮さまと紀子さまご成婚、「秋篠宮」家
7月　山一、大和証券の大手客への補填判明
8月　イラク、クウェート侵攻
10月　統一ドイツ誕生
11月　長崎県・雲仙普賢岳200年ぶりに噴火
11月　英サッチャー首相辞任、11年半に幕

エミン　通信開通といえば、令和2年の今年、次世代通信システムの5G（第5世代移動通信システム）のサービスが日本で開始されました。

渡部　さらに新しい貨幣という意味では、ビットコインのような暗号資産（仮想通貨）が取引されるようになり、Ｓｕｉｃａなどの交通系ＩＣカードやＰａｙＰａｙのようなスマホ決済サービスなどの電子マネーも今年から広く普及しました。

エミン　コロナの影響で現金のやりとりをなるべく減らすよう、国がクレジットカードや電子マネーを使うように推奨したことも電子マネーを使用した支払いを一般化させることを加速させました。

渡部　２０１９年10月1日に税率を10％に引き上げた消費税への対策として国が「キャッシュレス・ポイント還元事業」を２０２０年6月30日まで行いました。クレジットカードや電子マネーを利用すると、最大で5％のポイントが還元されるということで、カードや電子マネーの普及に貢献しました。

エミン　電子マネーという新しい貨幣が一気に広まったと言えるのがまさに今年、令和2年だといえます。

渡部　大正2（１９１３）年には、安倍晋三首相が抜くまで最長の首相在職日数を記録していた桂太郎内閣が総辞職しています。「桂太郎は安倍さんと同じ長州出身でもあります し、現在の首相通算在職日数記録を更新中の安倍さんが今年、首相の座を降りる可能性もなくはない」と思っていたら２０２０年８月28日、安倍さんは電撃的に首相を辞任することを発表しました。

エミン　大正２年には徳川幕府の最後の将軍だった徳川慶喜も死去しています。

渡部　最後の将軍という古い象徴がなくなったということです。昭和２（１９２７）年には、片岡直温《なおはる》大蔵大臣の失言で金融恐慌になり、当時の日本最大の商社である鈴木商店が倒産しています。令和２年の今年、日本最大の企業の一つであるソフトバンクグループが過去最大となる１兆３６４６億円の巨額赤字を計上しましたが、暗示的です。

エミン　この時期には銀行合併が相次いでいますが、現在も銀行が厳しい状況に立たされ、特に地方銀行は今後合併が相次ぎそうです。

渡部　さらに昭和２年には日本で初めての地下鉄が誕生しています。東京の上野と浅草間、今の銀座線です。

エミン　銀座線といえば、渋谷駅の大改造もあり、銀座線渋谷駅の移設工事が今年、行われました。地下鉄日比谷線に「虎ノ門ヒルズ」駅、ＪＲ山手線に「高輪ゲートウェイ」駅という新しい駅が誕生したのも今年2020年です。

渡部　平成2（1990）年はバブルが崩壊した年です。

エミン　バブルの崩壊ということでいえば、今回のコロナ禍も、これまでの生活様式が崩壊したという意味で同じかもしれません。

渡部　こうして見てくると、元号元年というのは新しい天皇へ移行する年ですが、元号2年はまるまる新しい天皇の時代に入るという時代です。日本人にすれば、すべての枠組みが変わっていく年でもあります。つまり、今までの当たり前が当たり前でなくなり、今までの考え方が古いものになってしまう。そういう意味で令和2年を見ていくと、非常に面白い。

エミン　今までの当たり前が当たり前でなくなる。まさにコロナ禍を経験した現在の私たちの生活がそうです。

アンチ・グローバル社会を生き抜くヒントが日本にある

渡部　今回のコロナ禍で大きく変わったことの一つに、「世界の人の行き来」というものがあります。

エミン　人の行き来が感染拡大の要因にもなりました。これからの時代は人の行き来が簡単にできなくなる方向に向かっていくことも予想されます。

渡部　つまり、アンチ・グローバル化ということです。これまでは人が移動することで経済も伸長してきましたが、これからは人が移動しなくなっていく。すると世界はどうなるのか。

エミン　人の移動がなくなれば争いも起きないし、平和にもなります。しかし経済はどうなるのだろうと不安に思う人もいます。

渡部　実は、人が移動しなくても、その域内で経済が回るという経済モデルは、もともと日本が得意としてきました。ちょっと話が大きくなり過ぎるかもしれませんが、日本には世界に誇れる前例があります。それは何かというと縄文文化です。

エミン　縄文文化とは縄文時代のことですね。「今から約1万5000年前に始まり、1万2000年以上にわたって続いた」と言われています。

渡部　青森県の三内《さんない》丸山遺跡には縄文時代の大集落跡があります。住居が大小、780軒。

集落に2000人規模の人が住んでいた計算になります。この集落が1500年続きました。縄文時代の人々は、地域地域にそれぞれが住む分散型の社会を営《いとな》み、ほかを侵略するようなことはありませんでした。ですから平和で、発掘された土器を見ても戦争の痕跡や争った形跡が見当たりません。

エミン　縄文人の人骨からも、頭蓋骨がこん棒で殴られてへこんでいるなどの争いの跡がないということです。

渡部　疫病の形跡もありません。

エミン　人の移動がなかったから疫病も流行しなかったということですね。

渡部　そんな縄文文化をわれわれの祖先は営んでいました。人が移動しなくても、それでも1万年以上にわたって文化を築いていました。コロナ後の新しいモデルは日本の縄文文化が参考になると思います。

エミン　それに比べてアメリカは、大陸から渡ってきた移民によって建国されました。しかも、もともとそこに住んでいたネイティブ・アメリカ人の命や土地を奪ってできた国でもあり、現在でも同じように人の物を奪って成長していく経済モデルで成り立っているような側面が強い。しかし、これからの世界では、そのような経済モデルでは成り立たなくなるということを今回のコロナ禍は教えてくれているのかもしれません。人の物を奪っても、そのためにコロナに感染してしまったら何にもなりません。

渡部　そういう本質的なことにいち早く気づいたのが、いわゆるミレニアル世代といわれている1981年以降に生まれた人たちです。

エミン　生まれたときからインターネットや携帯電話があった世代です。

渡部　ミレニアル世代には、社会問題に強い関心を持ち、ボランティアなどに参加する人が多いという特徴があります。さらに1990年代後半から2000年代始めに生まれた世代は「Z世代」とも呼ばれています。

エミン　インターネットだけでなく、これを利用したIT技術や製品に囲まれて育った世代です。

渡部　ミレニアル世代の6割は「会社の主な目的は利益追求よりも社会貢献」と考えています。Z世代に属している若者で代表的なのは、グレタ・トゥーンベリさんです。彼女は気候変動対策を訴えるため、15歳の時に学校でストライキを呼びかけ、2019年9月には国連の地球温暖化サミットで演説をしたことで有名になったスウェーデンの環境活動家です。

エミン　彼女の意見は、「このまま地球温暖化が進むと環境が破壊されてしまう」というものです。

渡部　彼女というか、誰かが彼女を使って何かをしようとしているのでしょうが、つまりは彼女の意見に代表されるように、現在、地球環境を壊すような成長モデルではなく、自然環境を大切にする持続可能な社会を目指そうという考えがアメリカの若者の間では、当たり前になってきました。昨年の2019年8月にアメリカの主要企業の経営者で組織している団体「ビジネス・ラウンドテーブル」が「これまでの『株主第一主義』を見直し、従業員や地域社会などの利益を尊重した事業運営に取り組む」ことを宣言しました。これはミレニアル世代やZ世代が主張している「持続可能な社会」を実現していかないと、若くて優秀な人材の獲得が難しくなり、さらに投資資金の取り込みに関しても、この世代の影響力を無視できなくなってきているからです。アメリカの経済界は、ある意味、泣く泣く方向転換をしたのです。

エミン　それは、株価の上昇や配当金の増加という、投資家の利益を優先してきたアメリカ型の経済モデルが転換を迫られたということでもあります。

渡部　そんな時代にコロナ禍が直撃しました。アメリカでコロナの感染が拡大して市民生

企業戦略　**ウィズ・コロナ、ポスト・コロナの企業戦略**

○ 日本企業に対するアンケート調査によると、ウィズ・コロナ、ポスト・コロナを見据え、「企業戦略を見直した」又は「見直す予定がある」と回答した企業は71%。
○ 見直しの内容としては、「持続可能性を重視した経営への転換」が69%と最も多い。

ウィズ・コロナ、ポスト・コロナを見据えた企業戦略の見直し

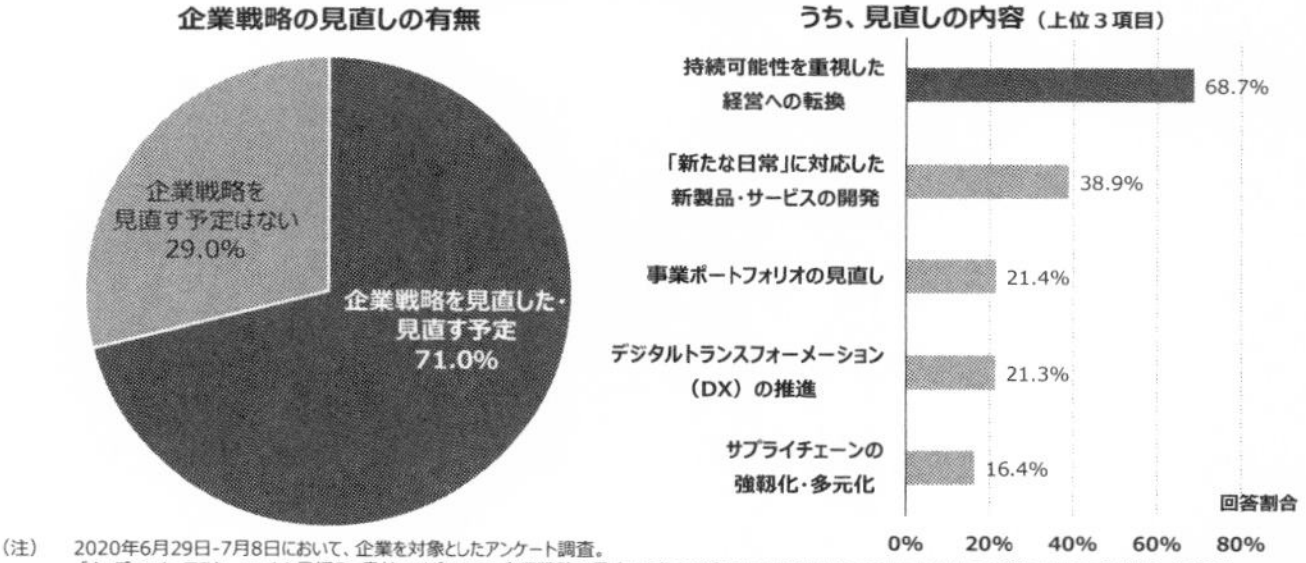

（注）　2020年6月29日-7月8日において、企業を対象としたアンケート調査。
「ウィズコロナ、アフターコロナを見据え、貴社ではどのような企業戦略の見直しを行う予定ですか？または行いましたか？」との質問に対する回答割合（回答数13,184社）。
（出所）　東京商工リサーチ「第6回新型コロナウイルスに関するアンケート調査」（2020年7月14日公表）を基に作成。

「未来投資会議資料」より

活や経済活動に支障が出るようになると、やっぱりこれまでの経済モデルではなく、人と人の接触をなるべく避けるような、分散型社会にしていかなければならないという考えが強くなっていきました。

エミン　そういう「分散型で持続可能な社会の理想モデルはどこになるのか」と言えば、今から1万5000年前の日本における縄文時代にあったのです。

渡部　さらにいえば、江戸時代もそうです。江戸幕府が鎖国政策を取っていたために、江戸時代は外国との行き来も少なく、強固な幕藩体制の中で藩と藩との人々の行き来もそれほど盛んではありませんでした。ある意味、分散型の社会でした。

エミン　アメリカでは州と州を跨《また》いでの商売が多いのですが、日本は比較的移動が少ない社会です。ある域内で経済が回る分散型のモデルは日本が得意としている分野です。

渡部　今回のコロナ騒動で、世界の枠組みが変わってしまいましたが、今後のアンチ・グローバル社会を生き抜くヒントが実は日本にあるということです。しかも、今回のコロナ禍で、日本の衛生観念が世界から注目を浴びました。日本は安全地帯なのです。人、モノ、金、すべて日本から外に出す必要はなく、逆に日本に来たい人は山ほどいる。いろいろなものが日本に集まってくる可能性が高まっている。現在はそういう状況だと思います。

リモートワークが日本社会の構造的問題を解決する

エミン　今回のコロナ禍で、いわゆるリモートワークという在宅ワークが注目されました。これは、日本にとっては今までの仕事のやり方を見直す大きな契機になりました。これまでは満員電車に揺られ、1時間以上もかけて会社に行き、過労死寸前になるまでオフィスで働かされてきましたが、家でも十分に仕事ができるということが証明されました。

渡部　わざわざ会社に行く必要がないとわれわれは気づいたわけです。

エミン　このことは日本社会で課題とされていた人口減少に伴う高齢化問題に対する一つの解決策になります。高齢者は体力がないから通勤するのが大変です。しかし脳は元気なのですから、リモートワークや在宅ワークで家にいて仕事ができるのであれば経験豊かな高齢者にもっと活躍する場を与えたほうがいいということになります。

渡部　労働年齢が延びて高齢者が働く場が増えるということは、人口減少に伴う労働者人口の減少を食い止められるということです。

エミン　さらに、人口減少により衰退している地方経済を復活させる可能性もあります。

渡部　リモートワークや在宅ワークができるのなら、何も東京などの大都会に住んでいる必要もなくなりますから。

エミン　地方に行って、家を買って暮らしたほうが、より豊かな生活ができるのです。水や空気はきれいだし、地方に住民税を払うことになりますから、地域も潤います。

渡部　人口が増加すれば消費も増え、地域経済も活発化します。

エミン　日本の課題だった女性の活躍も、家で仕事ができるようになれば、子育てしながら仕事ができるようになっていきます。男性も家で仕事できるなら子育てに参加でき、そ

地方移住

地方移住への関心の変化

○ 2020年5-6月に実施した個人に対するアンケートによると、感染拡大の影響により、「地方移住への関心が高まった」と回答した三大都市圏居住者の割合は、全体の15.0%。

新型コロナウイルス感染症の感染拡大の影響による
地方移住への関心の変化

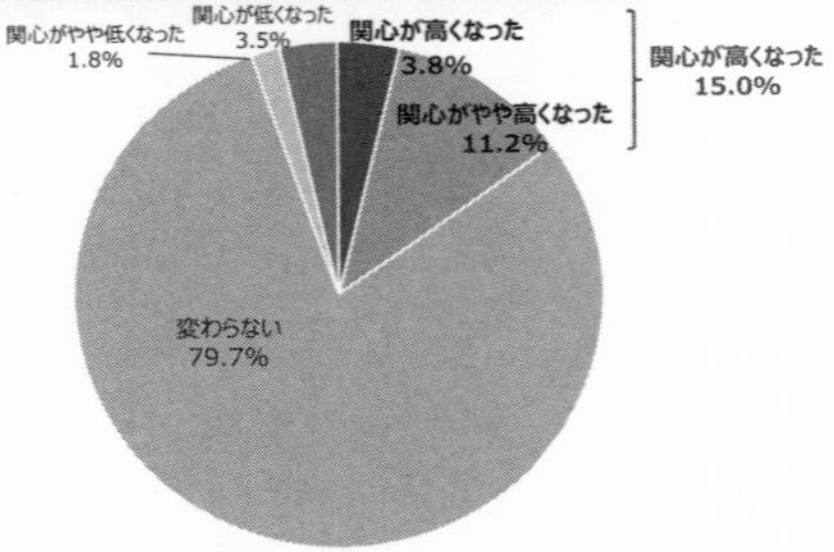

（注）　2020年5月25日-6月5日にかけて実施したアンケート調査（回答数10,128名）
「今回の感染症の影響下において、地方移住への関心に変化はありましたか」に対する回答結果。（三大都市圏（東京圏、大阪圏、名古屋圏）居住者への質問）
東京圏：埼玉県、千葉県、東京都、神奈川県　大阪圏：京都府、大阪府、兵庫県、奈良県　名古屋圏：岐阜県、愛知県、三重県
（出所）内閣府「新型コロナウイルス感染症の影響下における生活意識・行動の変化に関する調査」（2020年6月21日公表）を基に作成。

地方移住

地方移住への関心が高まった者の特徴

○ 地方移住への関心は、特に20歳代（22.1%）、30代（20.0%）やテレワーク経験者（24.6%）で高まっている。

新型コロナウイルス感染症の感染拡大の影響により
地方移住への関心が高まった者の割合

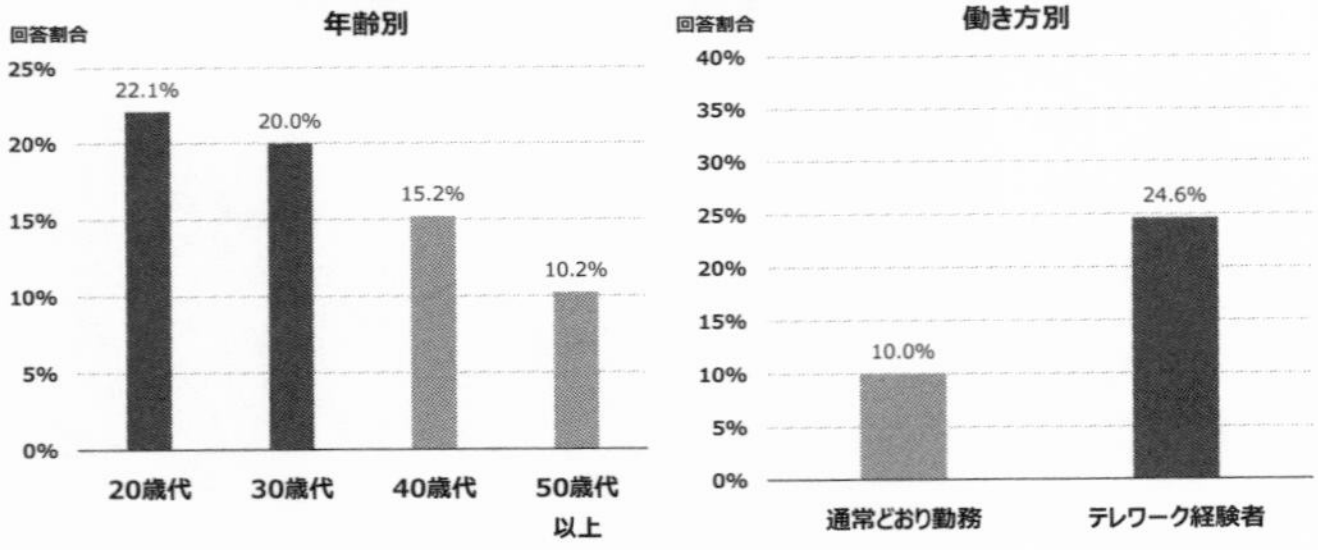

（注）　2020年5月25日-6月5日にかけて実施したアンケート調査（回答数10,128名）
「今回の感染症の影響下において、地方移住への関心に変化はありましたか」に対して「関心が高まった」、「関心がやや高まった」と回答した者の割合（三大都市圏（東京圏、大阪圏、名古屋圏）居住者への質問）
東京圏：埼玉県、千葉県、東京都、神奈川県　大阪圏：京都府、大阪府、兵庫県、奈良県　名古屋圏：岐阜県、愛知県、三重県
（出所）内閣府「新型コロナウイルス感染症の影響下における生活意識・行動の変化に関する調査」（2020年6月21日公表）を基に作成。

「未来投資会議」資料より

のぶん女性が社会に出て行きやすくなります。

渡部　日本政府は女性活躍推進法などを施行して女性の活躍する場を広げようとしていますが、世界経済フォーラム（ＷＥＦ）が２０１９年12月に発表した世界各国の男女平等のランキングで、日本は１３５ヵ国中１２１位で過去最低でした。女性の活躍する場が広がっているどころか、逆に減っているのが日本の実状です。そういう面でも、今回のコロナ禍による社会的な変化は女性の活躍を後押しする可能性が高い。

エミン　女性活躍や高齢者対策、地方格差などの問題に対する解決は、これまで一向に進んできませんでした。しかし、今回のコロナ禍で、一気に解決する糸口が見えてきました。

渡部　もちろん、全員が全員、在宅ワークができるわけではありませんが、今回のコロナの経験で、在宅ワークをせざるを得なくなったら意外と簡単にできるんだということがわかりました。それだけでも大きな前進でした。エミンが言うように、このことによって女性活躍や高齢者対策、地方格差など、日本がこれまで課題としてきた日本社会の構造的な問題の糸口も見えて、解決への道が一気に開けるかもしれません。

経営効率化と生産性の向上が日本を変える

エミン　今回のコロナ禍で、日本企業の経営効率化や生産性の向上が起こります。要は、ただ会社に行けばいい人や、何も仕事ができない人、いわゆる窓際族のような人たちがあぶり出されました。コロナ禍で「不急不要な人は会社に行くな」と言われ、それでも会社に行かなければいけない人がいる一方で、在宅リモートができない人やそれさえもする必要がない人がわかってしまったということです。

渡部　そういう人たちは、企業にとっては利益になりません。２０１９年12月に日本生産性本部が発表した「労働生産性の国際比較２０１９」によると、日本企業の労働生産性はＯＥＣＤ（経済協力機構）に加盟している36カ国中21位で、主要先進国7カ国中では最下位でした。この最下位というのはデータを取り始めた１９７０年以降、連続して今日に至っています。労働生産性というのは、言うまでもなく、労働者一人当たりが生み出す効果を指標化したもので、つまり、日本企業で働く人は労働時間の割には付加価値を生み出していないということです。それが、この数値で証明されています。

エミン　経済成長期にあったときには、このような生産性のない人たちが企業内にいても、なんとかやっていけましたし、それが日本型経営とも言われました。しかし経営環境が厳しい現在、そんなことは言っていられません。今回のコロナ禍で日本企業の多くは減益になりました。今後、企業は自分たちが生き残るためにも、ますます生産性のない人たちを切り捨てるしかありません。

渡部　今回のコロナ禍で、そういう生産性のない人が誰かがわかってしまったと同時に、生産性につながらない部署もバレてしまいました。それこそ判子《はんこ》を押すためだけに電車に乗って会社に行かなければならない人たちがいることが、ニュースで取り上げられました。

エミン　これだけデジタル化した現代で、いまだに印鑑による判子決済が求められていたこと自体が驚きです。何も印鑑でなくても、電子決済でもしようと思えばできるのですから。

渡部　判子の件は、今まで気づかなかったことが今回のコロナ禍で気づかされた最たる例です。悪しき日本の風習が払拭《ふっしょく》される、いい機会になりました。結果、労働生産性が上昇し、経営の効率化が進めば、それだけ日本企業の利益率も上がります。利益率が上がれば、それが株価に反映して、株価を押し上げる要因になります。

エミン　私が「日本株はこれから日経平均で30万円になります」と主張したとき、主に反論する意見としてあったのが、過去に日本株が上昇したのは人口ボーナスがあったからだというものでした。つまり人口が増加したから経済成長ができたのであり、現在の人口減少化のなかでは経済成長もないし、株価も上昇しないという理屈です。しかし、人口が増えなくても、それを補う技術革新や経営の効率化を推進させれば、過去と同じような成長率ではなくても、企業の利益率は上がり、日本株も買われます。70年代と同じ経済構造に戻る必要はありません。

渡部　人口が増えなくても、一人ひとりの収入が増えればいいわけです。

エミン　しかも、今回のコロナ禍は、経営の効率化と生産性の向上をいっそう加速化させる良い契機になりました。

渡部　逆に言えば、経営における効率化や労働生産性を見直していかなければ、これからのウィズコロナの世界で生き残ることはできないということです。

新しい1万円札の顔である渋沢栄一の考え

エミン　２０２４年に1万円札、５０００円札、１０００円札のデザインが新しくなることが２０１９年に発表されました。令和時代のテーマは、実は次の紙幣になる人たちで決まっていると私は思っていました。

渡部　１万円札は渋沢栄一です。

エミン　彼は「近代日本経済の父」と呼ばれている人で、明治維新後に現代にも通じる日本経済の基礎をつくった人です。

渡部　渋沢栄一は銀行や製紙会社、紡績会社、保険会社、鉄道会社など、生涯に約５００もの企業を立ち上げ、その育成に関わっただけでなく、６００にも及ぶ社会公共事業にも携わりました。

エミン　英語の「ｂａｎｋ」を「銀行」と訳したのも彼という話ですね。

渡部　東京株式取引所の設立にも彼が関わっています。

エミン　渋沢栄一のすごいところは、いろいろな企業を設立して経済を発展させても、その利益を自分一人のものにしようとはしないで、社会のために役立てようとしたことです。

渡部　彼は「道徳経済合一説」という理念を唱えていたことでも有名です。利益は独占するものではなく、全体で共有するものだとして、富を社会に還元することで国全体を豊かにしようという考えでした。だからこそ病院や慈善活動、学校教育などの社会公共事業にも数多く関わっていったのです。

エミン　アメリカのウォール街の強欲資本主義とは真逆の考えです。そんな渋沢栄一の考えがあったからこそ、戦前の日本経済は発展し、日本株も上がっていきました。先ほど渡部さんがアメリカの経営者団体の「ビジネス・ラウンドテーブル」がこれまでの「株主第一主義」を見直すと宣言したことを紹介されました。まさにこれからは渋沢栄一のように、富を独占するのではなく、社会や従業員に還元する方向に向かうべきですし、世界全体もそういう方向に向かうべきだと思います。

渡部　ステークホルダー（利害関係者）を重視するという考え方ですね。

エミン　株主や経営者だけでなく、従業員や顧客、取引先、地域住民など、その組織の活動に関わるすべての人々の利益を考えようということです。

渡部　このステークホルダー重視という考えを渋沢栄一は先取りしていたとも言えます。

エミン　今回のコロナ禍で、さらにこの考えは加速するはずですし、渋沢栄一を生んだ日本だからこそ、率先して世界をリードできると思います。

渡部　２０２１年のＮＨＫ大河ドラマ『青天を衝け』は渋沢栄一が主人公です。このドラマにより、彼の考え方はさらに日本に広まるでしょう。

津田梅子と北里柴三郎が象徴するもの

エミン　新しい紙幣の1万円札の顔は渋沢栄一ですが、５０００円札と１０００円札の新しい顔も令和時代を象徴しています。

渡部　５０００円札は日本で最初の女子留学生としてアメリカに渡った津田梅子で、１０００円札は破傷風の治療法を開発し、ペスト菌を発見した細菌学者の北里柴三郎です。

エミン　５０００円札の津田梅子は女性活躍の象徴です。１０００円札は北里柴三郎ですが、最初はなぜ今、北里先生なのかがわかりませんでした。しかし、コロナでわかりました。彼が発見したペスト菌は、現在の新型コロナウイルスに匹敵する細菌でした。

渡部　ペストは黒死病とも呼ばれ、14世紀のヨーロッパで３０００万人の命を奪ったと言われています。まさにパンディミック（感染爆発）が起きていました。その後も流行を繰り返し、19世紀末には日本にも上陸しました。そんなときに北里柴三郎がペストの原因となるペスト菌を世界で初めて発見しました。

エミン　北里柴三郎を新しいお札の顔にしたのは、現在の新型コロナウイルスの流行を予言していたようにも思えます。

渡部　まさにそうですね。

エミン　特に日本は、これだけ新型コロナウイルスが世界中に広がっていったなか、ロックダウン（都市封鎖）をしたわけでもないのに、人口当たりの死者数が欧米に比べると非常に少ないことが注目されました。

渡部　なぜ日本は死者数が少ないのか、その理由はさまざまに言われています。ノーベル賞受賞者の山中伸弥さんは、何が理由かはわからないので「ファクターX」と呼んでいたりしています。

エミン　なぜ日本だけが死者数が少ないのか。そのことは「ジャパニーズ・ミラクル」とも呼ばれていますが、それは日本がいかに安心で安全で清潔な国かということの象徴だと思っています。これは21世紀における日本のテーマです。特にコロナ禍を経験した新しい世界は、これまで述べてきたように、強欲な資本主義では成り立たなくなり、持続可能な社会、つまり、環境がきれいで、安心・安全な社会を指向するでしょうし、企業自体も株主重視ではなくステークホルダー重視で、コミュニティ重視の考え方へ移行していきます。それは渋沢栄一を持ち出すまでもなく、日本がもともと持っていた考えです。しかしながら、近年海外投資家から促される形で、株主重視の経営へと転換を迫られていたのです。だからこそ今回のコロナ禍は日本にとって追い風となりますし、その象徴が新しい1万円札の顔になる渋沢栄一で、1000円札の顔になる北里柴三郎ということなのです。

渡部　日本の構造的な問題もこれまで見てきたように、今回のコロナ禍で一気に解決するかもしれません。

エミン　リモートワークなどを活用することで女性や高齢者が活躍できる場が増加し、生産性や効率も上がっていきます。5000円札の新しい顔が津田梅子というのも実に象徴的です。

渡部　日本政府が残業時間を減らしましょうと言って「働き方改革」を声高《こわだか》に叫んできま

したが、少しも改善しませんでした。ところが今回のコロナ禍がこれまでの働き方を一気に改善させる契機になりました。この現実を見ても、1000円札の北里柴三郎といい、5000円札の津田梅子といい、1万円札の渋沢栄一も含めて、2024年に発行される新しい紙幣はこれからの日本にあるべき姿を示しているという点で非常に象徴的です。

経済成長至上主義からの大転換

エミン　いずれはその方向に向かわざるをえなかったことが今回のコロナ禍でいっそう加速したということでは、日本もですが、世界でも同じです。

渡部　株主第一主義からステークホルダー重視、コミュニティ重視への流れですね。今回のコロナ禍で、その流れがいっそう加速していきます。

エミン　米中新冷戦の動きも、今回のコロナ禍で加速し、米中の対立がより激しくなっていくでしょう。これまではＩＴや武器開発、特に宇宙開発競争などの分野でアメリカと中国は激しく競ってきましたが、これからは新型コロナウイルスに対するワクチン開発の競争となるはずです。これは、結果的には医療の発展につながっていく可能性も高い。

渡部　いち早くワクチンが開発されたら、それだけ自国の人たちを救うことになりますし、自国の利益にもなります。

エミン　どちらにせよ、コロナ後と前とでは、日本を含めた世界の様相が一変します。しかも今回のコロナ禍は、世界中の人たちに何が大切なことなのかということを気づかせてくれたように思います。これまでと同じような生活をしていたらコロナに感染して死んでしまうのですから、自分の生活を見直さざるを得ません。

渡部　投資の世界でも同じです。以前は経済成長至上主義みたいな、成長しなければいけないというようなイメージがありました。しかし、これからの世界を見たとき、それは本当なのかということです。今回のコロナ禍で、経済成長が止まらざるを得なくなったのですから、経済成長至上主義にいつまでもしがみついていても何も始まりません。

エミン　特に欧米の物の考え方には、経済成長こそがすべて、というようなところがあります。

渡部　しかし、成長ばかりを求めると必ず破綻《はたん》するということは、世界を席巻《せっけん》してきた帝国主義国家の歴史を見てもわかります。帝国主義とは自国の利益と領土を拡大しようとして武力を背景に他国を植民地や属国にしていくことです。しかしながら15世紀から17世紀の中頃にかけてのポルトガルやスペイン帝国、その後のイギリスやドイツ帝国などを見ても、すべてが破綻して、結果的に植民地を手放して国力が衰退していきました。

エミン　「帝国主義の膨張が、第一次および第二次世界大戦を招いた」とも言えます。

渡部　人間も、「体だけずっと成長してください」と言われても無理です。ある年齢になれば目に見える体の成長は止まりますが、今度は目に見えない内面が成長していきます。これも成長です。

エミン　「1960年代から70年代にかけての日本の経済成長は人口増加があったからだ」という理屈も、人口増加という外見だけを見た結果から言っているだけに過ぎません。私は先ほど「人口が減少していても、それを補う技術革新や経営の効率化が推進されれば、企業の利益率は上がる」と言いましたが、それこそ内面の成長ということです。

渡部　それなのに見かけの成長だけにとらわれてしまうのは、経済成長することでしか株価は上がらないと勝手に決めつけてしまっているからにほかなりません。

エミン　欧米流の経済成長神話に洗脳されているということですね。

渡部　売上げが伸びるのはいいことですが、ある時期に来たら、売上げの数字だけではなく、商品の質とか、目に見えない何かの評価とか、そういうものを重視することに転換するのが必要だということです。例えば、家をつくろうとしたとき、20年で急成長した木材を使うのか、５００年の老木を使うのかとなったとき、どちらに価値があるといえば、５００年の老木です。値段も20年の木材は数万円かもしれませんが、５００年の木材は何千万円もします。これが本質的な価値だと思います。しかし、株式の世界では違います。「20年で急成長しました」という企業には、より高い時価総額という価値がついて、５０0年以上続いている企業のほうの価値が小さくなり、価値が逆転しています。株式市場では、こういうことが当たり前のように行われてきました。

エミン　冷静に考えれば誰でもわかることでも、今まで株式市場は成長神話という洗脳に騙されてきていたんです。

渡部　しかしみんなが、これはおかしいと思い始めたときに変わるわけです。ウィズコロナの世界では、経済成長優先の社会よりも、今まで話してきたように持続可能な社会を優先することが普通になっていきます。そうなれば、株式や投資の世界でも、５００年の老木のほうがいいという当たり前の発想になっていくと思います。

エミン　量よりは質、クオリティの時代に入っていくということですね。

渡部　私は投資の、そもそもの考え方が180度、すべて変わると思っています。例えば株式の評価も、株価は「利益×PER」ではなく、「持続年数×PER」みたいなまったく違う発想になってくるかもしれません。これまでのように利益が上がれば価値が高いという発想ではなく、長く会社を続ければ続けるほど価値が高いというふうに。

エミン　人類はこれまではいろんなものを犠牲にして成長してきました。環境とか人々の生活とか。そのために現代人はストレスを溜め込んでしまいました。現在、アメリカでは「オピオイド」という鎮痛剤を乱用する人が増え、その中毒が深刻化して社会問題になっています。これも「多大なる犠牲の上に成り立っている経済に依存しているために、人々が鎮痛剤や抗うつ病薬を乱用しなければ正常心を保てなくなっている」という証拠だとも言えます。

渡部　何が何でも経済を成長させなければいけないというプレッシャーが、人々を狂わせているのです。

エミン　それは、やはり間違いだということです。これまでの目に見える形での高度成長を引っ張ってきたのは中国です。しかし、その中国のストーリーも今回のコロナで終わりました。つまり、世界は新しい別の意味での成長に移らざるを得ないということです。

渡部　それがクオリティの時代ということですね。しかも、それを得意としているのは日本です。結果的に、今、日本には追い風が吹いています。

物質的豊かさから心の豊かさへ

エミン　テレワークということでいえば、今後、リモート技術が発展していくことは間違いありません。例えば、リモートで建設機械を動かすとか工事をやるとかという作業まで現実化していきます。ロボット化とも言われますが、それには二つあり、一つはＡＩがすべてをやるロボットで、もう一つは指示を出したり操作をしたりするのは人間が行うロボットです。ＡＩがすべてをやるロボットは、ロボット自身が判断して勝手に動いていく。つまり人工頭脳を持ったロボットで、これはまだまだ開発が難しい。しかし、もう一方の人間が操作するロボットというのは、実現化がすぐそこまで来ています。例えば、ＶＲ（バーチャル・リアリティ）ゴーグルのようなものを目につけて、遠くの工事現場で建設機械を動かすテストがもう始まっています。

渡部　ショベルカーとかクレーン車とか、それらを操作するためには熟練した高度な技術が必要ですが、リモートでもできるようになれば、そういう技術を持っている人は家にいても、それこそ世界中の建機を動かすことができます。

エミン　工事現場に行く必要はないし、建機を動かす技能だけあれば、体力など関係ないし、年齢も関係ない。定年など必要なくなります。あと10年ぐらいで、そんな世界が実現します。

渡部　世界はすでに大きく変わっていく時期に入っています。世の中がこれだけ変わってきているのに、株式の世界では、昔のままの基準や考え方に引きずられているのはおかしい。証券マンたちは１９３０年代に書かれた『証券分析』（パンローリング株式会社）という本をいまだにバイブルにしています。

エミン　１９２９年にニューヨーク株式が大暴落した後の１９３４年に、ベンジャミン・グレアムによって書かれた本ですね。数多くの投資家に大きな影響を与えたことでも有名な本です。

渡部　しかし１９３４年といえば、今から90年近くも前のことです。たしかに割安な株式の見つけ方とか、それなりに役立つ本ではありますが、90年以上も前の考えにいつまでも凝り固まっていては、これからの新しい時代には対応できなくなります。

エミン　世界はどんどん変化しています。今回のコロナ禍でも、世界中の中央銀行が経済を回すために、市場にお金をどんどん投入しました。いわゆる金融緩和です。そのために株価も上がっています。

渡部　世界の変化を冷静に見つめることが、これまで以上に必要になってきます。例えば、今回のコロナ禍にしても、金融緩和で市場にお金が投入され、お金が余った状態になると、投資家や投資機関はこの余ったお金をどこかに投資して儲けを増やそうとします。そこでどの国の市場に投資しようかと考えたとき、これまではアメリカに投資していましたが、アメリカは国がゴタついている。中国も共産党支配が続く限り、国として信用できない。ヨーロッパは分裂しそうで怖いな、と。世界中を探しても投資する先がない。株価が上がるも下がるも、それはシンプルにお金をどこに置くかだけなんです。PERがどうのこうのとか、成長戦略とか、実はどうでもいい。ここに置こうと。日本に置こうと言ったら日本の株は上がる。それだけなんですよね。世界でお金の置き場をどこにするか。この点を今回考えると、消去法でいっても日本しか、たぶん、ありません。日本も新型コロナに感染しましたが、ロックダウンをしたわけでもないのに欧米に比べて死者数が少ない。日本は安全だ。日本に投資しよう。そういう流れになってもまったくおかしくはない。

エミン　なんといっても日本は過去、株式時価総額で世界最大の国だったわけですから。お金を入れられるんですよ。そういう発想の投資家もいるはずで、ほかは新興だし、一位をとったことがないからわからない。「日本は一位をとったこともあるし、現在の株価は安すぎないか」となる。しかも金余りだし、と。

株式投資も意識改革が必要

エミン　世界の株式市場は「ストーリーで動く」という面も強い。つまりは何かの物語です。１９８０年代はジャパニーズ・ミラクル、高度経済成長というストーリーがあり、日本株が買われました。１９９０年代後半には中国が成長するというチャイニーズ・ミラクルというストーリーで中国株が買われました。しかし、１９９０年に日本でバブルが崩壊すると、日本の成長ストーリーが終わり、日本市場から資金が引き上げられて日本株が低迷していきました。それと同じように今回のコロナ禍では、米中新冷戦の影響もあり、中国の成長ストーリーは終わりを告げるでしょう。中国には香港を通してお金が入っていましたが、香港はもはや、アジアの金融ハブの役目は果たせませんし、中国からは一気に資金が引き揚げられていきます。

渡部　香港の代わりにシンガポールがアジアの金融センターになるだろうという意見もありますが、日本に移ってくる可能性もあります。

エミン　国際金融センターという意味では、日本では東京。東京はシンガポールのようにまだまだ公用語である英語が通じないというデメリットがありますが、何よりも治安の良さや都市としての国際的信用度があります。政府は、「大阪、福岡をアジアの金融ハブに」と言っていますが、別に東京である必要もありません。日本であれば、大きな経済成長に繋がります。

渡部　これまでの日本や中国が経験したような高度経済成長をする国が次はどこなのか。それも問題ですね。

エミン　私は今後、かつての日本や中国のような高度成長をする国はないと思っています。たしかにインドやベトナムにも成長ストーリーがあるように見えますが、日本や中国ほどの高度成長をするかというと疑問です。

渡部　インドは経済成長を遂げてきましたが、製造業だけを見てみると、それほど伸びているわけではありません。製造業の全体に占めるＧＤＰの割合はこの50年間以上、ずっと約15％という数字のままです。実はほとんど成長していないのです。

エミン　アフリカも成長はしていくでしょうが、実際の数字を見てみると、成長率はそれほど高いものではありません。

渡部　２０１３年から２０１７年のアフリカ全体のＧＤＰ成長率は、１・７から３・６％の間で推移しています。これは同時期の世界の成長率と同じ水準です。アフリカの成長率が特別に高いわけではありません。

エミン　しかも、アフリカ全体の経済規模は3兆ドル程度。日本のＧＤＰにも満たない。

渡部　だからこそ経済発展の余地があるとも言えますが、アフリカは国家間や部族間の紛争が絶えません。アフリカ全体でまとまろうとはしていますが、なかなかまとまることができない状態が続いています。

エミン　すべての国が成長できるという考えは間違いなのです。いわゆる経済成長モデルというのは、製造業を中心に成長するという考え方に基づいています。イノベーションには時間がかかるし、手っ取り早く今あるものをたくさん製造して世界中の国に買ってもらうしかないということです。しかし、すべての国がモノづくりに向いているかと言えば、そうではありません。

渡部　手先が器用な人ばかりじゃないということですね。

エミン　国民性というのか、南米やアフリカの国々を見ていると、永遠に成長できないのではないかとさえ思えてきます。それは気候とか風土に関係があるのか、温暖な地域の人はあくせく働くことはしません。それが文化だとも言えますが、経済成長という面から見ると、マイナスです。結局、産業が発展していきません。

渡部　少しは成長するかもしれませんが、高度成長とまではいかないということですね。

エミン　日本が高度成長できたのは日本の国民性として真面目で手先が器用でモノづくりに向いていたということが大きかったと思います。しかしながら、同じようなことを世界の国々に求めても無理だということです。そういう意味でもこれから先、製造業で大きく成長するところはもう、世界に残っていないのではないかと思います。成長できた国はすでに成長してきたとも言えるわけですから。

渡部　だからこそこれからの世界は、経済成長のストーリーではなく、もっと別のストーリーが必要だということですね。

エミン　それが何度も言ってきましたが、大量生産による成長ではなく、質による成長。クオリティ重視のストーリーだということです。

渡部　そしてクオリティ重視という意味では、日本が世界をリードしている。そういうことですね。

第二章
コロナ禍により、日本に世界の注目が集まっている

江戸時代の長い平和が日本独自の文化を生んだ

エミン　日本の人口は現在、１億２５００万人ぐらいですが、江戸時代は３０００万人ぐらいだったそうです。面白いのは、私の生まれたトルコの前身であるオスマン帝国の人口も同じ３０００万人だったということなんです。

渡部　オスマン帝国といえば、15世紀に東ローマ帝国を滅ぼして、17世紀には中東やアフリカ、それこそヨーロッパにまで領土を広げていった大帝国ですね。

エミン　そんなに広大な領土があったのに、人口が３０００万人ぐらいしかいませんでした。それはなぜかというと、戦争ばかりしていたからなんです。

渡部　殺し合いをしていたから人口が増えなかった……。

エミン　中国も、三国志の時代には中国全体の人口がそれ以前より7割も減少しました。

渡部　戦争に明け暮れていれば、それだけ人が殺されるということです。

エミン　しかし、江戸時代の日本には戦争がありませんでした。ですから人口が減りませ

■ ジャポニスム(Japonisme)とは何か？

- ➢ 1860年代からヨーロッパ中心に盛り上がった「日本趣味」のこと
- ➢ 1860年代から徐々にその機運は高まり、1910年代に退潮したとされる(日本の株式市場：1878年開設、1920年ピークで時期が同じ)
- ➢ 日本への関心・日本からの影響⇒造形原理、新しい素材や技法、その背後にある美学または美意識、生活様式や世界観をも真似る

● 影響を強く受けた作家

タンギー爺さん
ゴッホ

エッフェル塔三十六景
アンリ・リヴィエール

ラ・ジャポネーズ
クロード・モネ

磁器の国の姫君
ホイッスラー

■「ジャポニスム」以前の日本美術～磁器・漆器・浮世絵～

- ➢ オランダ東インド会社などによってヨーロッパに輸出され広まった

■ イギリスの「ジャポニスム」

- ➢ アーネスト・サトウは浮世絵の名作を持ち帰る
- ➢ 1885年ロンドンで初上演のオペラ「ミカド」大成功
- ➢ 鹿鳴館、三菱岩崎邸などを設計した建築家コンドルは河鍋暁斎(浮世絵師)の門下生となる

■ フランスの「ジャポニスム」

- ➢ ジャポニスムの影響を受けた芸術家：マネ、モネ、ゴーギャン、ドガ
- ➢ ビングのパリの店「アール・ヌーヴォー」(様式の名の由来)

■ アメリカの「ジャポニスム」

- ➢ ペリーの遠征記録に歌川広重の「京都名所之内淀川」を掲載
- ➢ 大森貝塚発見のモースは後輩のフェノロサを招聘。フェノロサは岡倉天心と「廃仏毀釈」で壊される伝統的美術品の保存に努める

当時日本人自身が美術の価値に気づかず誰も廃棄を止めなかった
⇒現在の日本人自身がメイド・インジャパンの価値に気づいていない

んでした。だからこそ広大な土地を支配したオスマン帝国と同じ人口がこの狭い日本に住んでいたのです。平和だったから人口が増え、江戸は100万人を超える大都市になりました。そして日本独自の文化が花開きました。

渡部　江戸時代には歌舞伎や浮世絵などが生まれ、栄えていきました。それは真に日本独特でほかの国にはないものでした。

エミン　浮世絵は19世紀後半のヨーロッパ美術界に衝撃を与え、ジャポニスムという日本ブームを巻き起こしたりもしています。

渡部　1867年のパリ万博に葛飾北斎や歌川広重、喜多川歌磨らの浮世絵や絵画、陶磁器や漆器などの工芸品が出展され、フランスを中心に「ジャポニスム」と呼ばれた一大ブームがヨーロッパで起こりました。1860年代から徐々に機運が高まり、1880年代、1890年代に最高潮に達したのち、1910年代に衰退、退潮していきました。

エミン　当時のヨーロッパ人にとって日本の美術や工芸品はとても新鮮でした。特に浮世絵の色の使い方や構図の大胆さなどは、フランスの印象派の画家たちに大きな影響を与えています。このジャポニスムは、日本の文化が世界に紹介された最初のムーヴです。

渡部　有名なところでは、ゴッホの『タンギー爺さん』という絵の背景に浮世絵が描かれていたり、モネの『ラ・ジャポネーズ』という作品では、菱川師宣《ひしかわもろのぶ》の『見返り美人』ふうの女性が手に扇子を持ってポーズを取ったりしています。アンリ・リヴィエールの『エッフェル塔三十六景』にいたっては建設途中のエッフェル塔を富士山に見立てた葛飾北斎の『富嶽三十六景』そのものです。

エミン　ジャポニスムはヨーロッパだけでなくアメリカでも起こり、ボストン美術館には現在、10万点を超える日本美術のコレクションが所蔵されています。宝飾ブランドメーカーのティファニーは、スプーンやティーカップに竹やあやめなどの日本的文様《もんよう》を積極的に取りいれてきました。ジャポニスムは一大センセーションを巻き起こして、さまざまな分野に影響を与えました。それは日本の生活様式や美意識が欧米の人たちに新鮮な驚きを感じさせ、新しい価値観を認識させたということです。江戸時代に戦争のない平和な時代が続いたからこそ日本独特の、クオリティの高い文化が花開いたのだと私は考えています。

渡部　平和に加え、鎖国政策も日本独特の文化の育成に大きな影響を与えました。

日本人は自国の文化の素晴らしさに気づいていない

エミン　実は、このことは現代の日本にも通じています。というのも、日本の平成時代は経済成長が止まり、失われた30年などという呼び方もされていますが、けっして失われた30年ではなかったと思っています。この時代は、少なくとも戦争に巻き込まれるようなこともなく平和でした。平和だったからこそ、平成の30年間にはアニメやマンガ、ゲームソフトという日本独特の文化が生まれました。

渡部　日本のアニメやマンガ、ゲームソフトというのは、今や世界を圧倒するコンテンツ産業になっています。

エミン　しかし、これらは長らくサブカルチャーという扱いでした。悪い言い方をすれば、〝オタク〟のものというような。19世紀後半に起きたジャポニスムと共通するところがあります。というのも、浮世絵や歌舞伎、漆器や陶磁器のような工芸品に、当時の日本人は大きな価値を感じていませんでした。当たり前のようにそこにあるので、価値があるとは考えていなかったのです。

渡部　江戸時代から明治時代に移ったときの廃仏毀釈《はいぶつきしゃく》運動が、そのいい例ですね。明治政府は近代化を推し進める過程で、それまでの神仏習合《しんぶつしゅうごう》を、神道と仏教を分離させようとして神仏分離令を発令しました。結果として民衆の間で何が起きたかというと、仏教寺院や仏像、経典を破壊しようという運動でした。この廃仏毀釈運動を見て、慌てたのが明治政府に招かれて来日していたアメリカ人の学者フェノロサです。彼は助手の岡倉天心とともに、日本古来の伝統的な仏教美術品を守ろうと尽力《じんりょく》しました。今でこそ日本の貴重な文化財となった仏教寺院や仏像も、当時の人たちはその価値を理解していなかったために、フェノロサたちの努力がなかったら破壊しつくされていたかもしれません。

エミン　浮世絵などは包装紙の代わりに使われていたともいいますね。

渡部　当時、ヨーロッパに日本の陶器を輸出するとき、その包装紙として浮世絵が使われていました。その包装紙の浮世絵を見て、ヨーロッパ人は衝撃を受けました。それほどまでに当時の日本人は自国の文化に価値があるとは思っていませんでした。

エミン　浮世絵は二束三文の値段で売りに出されてもいました。それを外国人が買い漁り、日本の貴重な美術品が海を渡ってしまいました。しかし、価値を知っている外国人に買われたからこそ、現在もボストン美術館などで大切に保管されて、私たちも鑑賞できるようになっているのです。

渡部　アニメやマンガ、ゲームソフトなどの平成時代に育まれた日本文化といってもいいコンテンツも、日本人は当初、それほど価値があるとは思っていませんでした。浮世絵に価値がないと思っていた当時の日本人と同じ感覚だったかもしれません。

エミン　私はよく秋葉原に行くんですが、秋葉原に来ている外国人をよく見ていると、日本人が見向きもしなくなった中古のゲームソフトや中古のフィギュアなんかを面白がって買っていきます。まさに、包装紙に使われていたような二束三文の浮世絵を買い漁っていた明治のころの外国人と同じです。

渡部　外国人は日本でしか売っていないものに価値を見出《みいだ》しています。それに対して日本人は、自国のものにそれほどの価値があるとは思っていないのです。

エミン　日本はもっと自国や自国オリジナルなものの価値に気づくべきだと思います。2016年のリオデジャネイロのオリンピックの閉会式のときに、安倍首相がスーパーマリオのコスチュームで登場しました。それはスーパーマリオに象徴される日本のゲームソフトが世界に誇るべきコンテンツだということを日本のトップが自ら認めたということでもあり、マリオは世界中の人が知っており、安倍首相が世界中の人の記憶に残った瞬間でした。しかし、まだまだ日本人は自分たちの文化に価値があることに気づいていませんし、もっと日本文化を世界に発信する余地はあると思います。

渡部　現代版のジャポニスムということですね。

エミン　ネオ・ジャポニスムと言ってもいい。そして、それはすでに始まっています。

渡部　今回のコロナ禍で日本にやってくる外国人が制限されましたが、それ以前は、アニメやマンガ、ゲームソフトだけでなく、浅草や京都といった日本文化が色濃く残っている町に外国人が大勢押し寄せていました。これもネオ・ジャポニスムです。

エミン　あとはどう発展させるかです。まだまだ日本の魅力はたくさんありますし、外国人に知られていないアニメやマンガはたくさんあります。

渡部　ネオ・ジャポニスムがすでに始まっているということに関して言えば、２０１７年10月に東京の上野でジャポニスムに関する展覧会が２つも同時に開催されている事実も象徴的です。東京美術館の「ゴッホ展　巡り行く日本の夢」と国立西洋美術館の「北斎とジャポニスム―ＨＯＫＵＳＡＩが西洋に与えた衝撃」がそれです。２０１８年7月には、フランスのパリで日本文化を紹介する「ジャポニスム２０１８年」が開催されました。ネオ・ジャポニスムの機運はすでに高まっています。

エミン　２０２０年のアメリカの大統領選挙で、民主党候補バイデン前副大統領の陣営は、任天堂の家庭用ゲーム機「ニンテンドースイッチ」の人気ソフト『あつまれ　どうぶつの森』を選挙運動に活用し始めました。

渡部　日本のゲームが一層世界から注目を集めることになりました。

再び、ジャポニスムが世界を席巻する

エミン　ジャポニスムと日本株価の連動という観点からも面白い事実があります。ヨーロッパにおけるジャポニスムは１８６０年代から始まり、だいたい１９１０年ぐらいまで続き、その後、衰退しました。それは約50年の長さでした。その50年というのは、日本で初めて株取引が始まった１８７８年から日本株の上昇期が始まり、そのピークを迎えた１９２０年までの約40年間とほぼ一致しています。

渡部　欧米で起こったジャポニスムのブームが10年遅れて日本の株価に反映したとも言え

ます。

エミン　「日本の株式は約40年かけて上昇し、その後、約23年間の停滞期があり、再び上昇期を迎えるという動きをくり返してきた」と話しました。一回目の株式上昇期と同様に、２０１３年から始まった今回の日本株の上昇期をネオ・ジャポニスムがさらに後押しする要因にもなります。

渡部　現に、世界中の人たちが日本のアニメやマンガ、ゲームソフトに夢中になっています。現代版ジャポニスムがさらに世界的な潮流になっていけば、それに関連する企業の株価が上がるだけでなく、日本が世界から注目され、日本株全体を押し上げる力となります。

エミン　ウィズコロナの世界では外に出るとコロナに感染するリスクがあり、家にいることが多くなっていくでしょう。そうなれば日本のアニメやマンガ、ゲームソフトなどのソフトパワーがますます海外で認知され、日本人気がいっそう高まってきます。

渡部　まさにネオ・ジャポニスム時代の到来ということですね。

エミン　アニメもゲームも、これは一種の芸術フォームであり、しかも非常に強いエンターテインメントフォームです。すでにテレビを代表とするオールドメディアは衰退していく傾向が顕著ですし、それに代わって台頭してきているのはインターネットで、インターネットを使ったアニメやゲームがエンターテインメントの主流になっています。今の45歳くらいまでの欧米の人たち、特にミレニアル世代の人たちは、子どものときから日本のアニメと日本のゲーム、そしてインターネットで育っています。

渡部　日本のアニメは浮世絵と同じで、かつては二束三文の値段で海外に売られていった時代がありました。日本人はその価値を理解していなかったので、代理店を通して投げ売りの状態で売られていきました。そのおかげで世界中の人たちが日本のアニメを見るようになり、ファンを獲得していきました。

エミン　アメリカやヨーロッパ、南米の国々では、そうやって安く買い叩いた日本のアニメを、穴埋めのテレビ番組として繰り返し放映していました。ちょうど夕食の支度にとりかかる時間帯に放映されていたので、子守代わりに子どもたちに見せていました。お母さんたちにとっては、とても有難いものでした。

渡部　サッカーを題材にした日本のアニメ『キャプテン翼』は、世界中でテレビ放送され、元フランス代表のサッカー選手ジダンや元イタリア代表のデル・ピエロ、トッティ、現役選手でもアルゼンチン代表のメッシなど、世界各国の有名サッカー選手が数多く影響を受けたと公言しています。

エミン　アニメの『クレヨンしんちゃん』は作者が亡くなった現在でも世界中で翻訳されて放映されています。

渡部　今後も日本のアニメはますます世界中の人々を楽しませるでしょうね。

エミン　ゲームにしてもそうです。任天堂が開発したファミリーコンピュータ、セガのメガドライブやソニーのプレイステーションなどの家庭用ゲーム機から始まり、携帯電話やインターネットを通じてのゲームも行われるようになって現在に至っています。世界中の子どもたちが生まれたときから日本製のゲームやアニメに慣れ親しんできたのですから、大人になったからといってやめるわけがありません。それどころかテレビに代わってインターネットが主流になりつつある現在、そのコンテンツとして日本のマンガやゲームソフトはますます支持されていくでしょう。

渡部　ネオ・ジャポニスムはますます発展していくということですね。19世紀後半に欧米で起こったジャポニスムのブームは約50年間続いたと言いましたが、現在のネオ・ジャポニスムもそれぐらいの長さか、もしかしてそれ以上の長さで続いていく可能性が大いにあります。

日本に対する興味が世界中で巻き起こっている

エミン　アニメやマンガ、ゲームソフトという目に見えるものだけでなく、日本独特の美意識や生活様式、それこそ企業風土というものまで含めて、日本はもっと世界に認められてもいいと私は思っています。世界もそんな日本に興味を持ち始めてきています。というのも、ここ最近、ユーチューブには、日本の何気ない日常の風景を英語で発信している映像がたくさんあり、その再生回数がすごいのです。単に普通の日本人の生活を追っているだけのもので、例えば、サラリーマンやOLの一日とか、ラーメン屋さんの一日とか、そういうことをドキュメンタリー化して英語の番組にしているチャンネルがあるのです。日本人からしてみれば、まったく普通のことで、少しも面白いとは思いません。しかし外国人はすごく面白いと感じているのです。

渡部　日本が好きな外国人は、日本人の一般的な生活スタイルに興味津々なのでしょう。

エミン　日本の生活様式や働き方だけでなく、物に対する捉え方や自然に対する接し方など、それは外国人にはない日本独特のものなのです。それを世界中の人がユーチューブを通して見ている。これも一つのネオ・ジャポニスムです。

渡部　先ほど、目に見えない価値が見直されていく時代になるだろうという話がありましたが、それは目に見えない価値にお金が付くということです。別の言い方をすれば経済成長やデータなど、数字だけでは表せないものが見直され、それが日本文化の再評価につながり、さらには日本企業に対する評価となって株価にも反映されていくということです。

エミン　例えば盆栽です。盆栽を見ていると、そこに日本のエッセンスというか考え方が凝縮されているとつくづく感じます。盆栽はただ大きければいいというものではなく、小さいもののほうがむしろ美しいというような価値観があり、まさに日本ならではの美学です。盆栽も現在、海外で注目されていますが、それは日本ならではの価値観が世界に認められているという証拠でもあります。

渡部　京都には島津製作所や村田製作所、京セラなど、モノづくりに長《た》けた企業がたくさんあります。なぜ京都にそのような企業が生まれたかというと、京都では昔から仏具とかいろいろな小道具を分業してつくってきたという歴史があったからなんです。それもただただひたすらに金箔を薄くしていったり、ただただひたすら金属をぴかぴかに磨いていったりというようなこだわりの中でそれぞれの技術を向上させていきました。そういう技術のベースがあったからこそ、島津製作所などの京都発の産業が誕生し、現在に至っているのです。

エミン　これもまた日本らしい。日本は平和だったからこそ、京都の職人さんのように、モノづくりにこだわりが生まれていったのかもしれません。

渡部　そして、そういうモノづくりへのこだわりが、現在の日本の企業にも脈々と息づいています。目には見えにくい価値が日本にはあるということをもっと世界に知ってほしいし、日本人自身ももっと自覚していいと思います。

日本人には周りに対する気配りがある

エミン　今回のコロナ騒動の最中に、日本の新型コロナウイルスによる死者数が少ない理由について、麻生太郎副総理が「国民の民度のレベルが違う」と述べたことで批判されました。しかし日本の民度が高いという発言自体は間違っていません。日本人は罰則規定があるわけでもないのに、みんなルールを守り、ちゃんとマスクも手洗いもして、休業要請にも素直に従いました。これは民度が高い証拠です。

渡部　日本はよく危機管理が甘いとか、危機意識がないと言われていますが、それは欧米式の観点から見た批判です。彼らはただ自分に損害がおよばないようにするだけの危機管理方法です。しかし日本の場合は、自分だけがとか自分の会社だけがという発想ではなく、地域全体に損害が及ばないような方法を考えます。日本は土地柄、自然災害が多い。地震もあるし、洪水もよく起こる。木造の家なので火事も多い。そういう中で危機意識が育まれてきました。だからこそ地域全体を守るための一人ひとりの危機管理能力が高く、今回のコロナに対しても冷静に対処することができたのだと思います。

エミン　これは、日本が長い歴史の中で獲得していったものです。私はトルコから日本に来ましたが、日本の人たちと接しているうちに、日本人のそういうスタンダード（標準）の高さというものを大変に実感できました。私も感化されました。

渡部　マスクにしても、日本人はもともとマスクをすることに慣れていたから欧米人のように抵抗がなかったという指摘もあります。けれども日本人はマスクを、風邪を引いたときに他人に感染させてはいけないという気持ちからしてきました。そういう衛生観念の高さが日本にはもともとあったということも忘れてはいけません。

エミン　一人ひとりの意識のレベルが高いことは、日本がつくる食べ物や製品を見てもよくわかります。スーパーに行っても、野菜や果物など、一個一個が本当に美味しい。それは一個一個にこだわってつくっているからです。それは安心ということにもつながっています。中国の観光客が日本に来て爆買いして帰っていくということがありましたが、それは日本の製品が安心・安全だったからです。例えば、子どもが口にするものとか、肌に直接つける化粧品とか、目に見えない安心が日本製品にはあるからです。

中国の粗悪なマスクは大失敗だった

渡部　中国といえば、今回のコロナ禍でも中国製のマスクに異物の混入などが見つかり、不衛生だということでずいぶん批判されました。マスクだけでなく、中国からヨーロッパの国々に送られた医療物資にも欠陥品が多く、粗悪品だということで、世界中から苦情が寄せられました。

エミン　これも文化なのか国民性なのか、中国という国はいつ財産を国家に没収されるかわからないので、人々は後先を考えません。今だけ儲かればいいという発想が強い。それこそだますよりだまされるほうが悪いという考えで、目先の利益だけで動きます。

渡部　中国は本来、儒教の国で、すごく文化が高くて倫理観があったはずなのですが、その良さを中国共産党が壊してしまいました。

エミン　それは宗教など精神的な文化を禁じている共産主義国家の特徴でもあります。中国共産党の思想に支配されている人は、結局、自分しか信用しません。信仰があるわけでもなく、国も信用していません。一人っ子政策で兄弟もいないし、最終的にお金しかないのです。ですから、取りあえず今だけ儲かればいいという発想になるのです。

渡部　中国は非常にもったいないことをしました。いち早く新型コロナウイルスを収束させた中国が、感染拡大していったほかの国々にマスクや医療品を送れば感謝されたでしょう。しかし結果的には不良品ばかりだったため、逆に反感を買ってしまいました。本来であれば自国を売り込む絶好のチャンスだったのですが、マスクの製造にあたっていた人たちは、そんな国家の利益など考えずに、ただただ上から言われた枚数のマスクをつくればいいというような考えだったと思います。

エミン　中国にも確かな技術で良い物をつくっている人たちはいるはずなんですが、結局、今回のように、ゴミが混入しているとか、検査キットが不良品だったというようなことが起こると、中国全体のイメージまで傷ついてしまいます。いつまで経《た》っても中国のイメージは良くなりません。

渡部　イメージは本当に重要です。先ほど話に出たストーリーに関しても、イメージが先行して、ストーリーをつくり上げていく傾向も強い。

エミン　日本もその昔、１９５０年代とか60年代にかけて、日本製は世界でバカにされていた過去がありました。現在からは想像もできませんが、メイド・イン・ジャパンは品質も悪く、壊れやすいと欧米では評判が悪かった時代もありました。

渡部　しかし70年代以降になると、メイド・イン・ジャパンが評価されていきました。実際に日本企業は価格が安いうえに品質も良く、壊れにくい製品をつくりあげ、それを営業マンたちが必死に欧米に売り歩いていったからです。それは先輩たちの苦労のたまものです。

エミン　メイド・イン・ジャパンは80年代になると、世界一クールなものになっていきました。メイド・イン・チャイナは、いつまで経ってもクールにはなれません。

コロナ禍をきっかけに日本式が見直されている

渡部　今回のコロナ禍で、メイド・イン・チャイナはいっそうイメージが悪くなってしまいました。逆に日本は欧米に比べて死亡者が少ないことなどからも、世界で注目され、いっそう見直されるようになりました。それは日本にとって、非常に良かった。

エミン　衛生観念という点でも日本が優れていると述べましたが、そのことを世界にわかってもらえたことが大きい。実際問題、ヨーロッパではトイレの後に手を洗わない国が多い。イタリアとかオランダとか。そういう国で新型コロナウイルスが拡大し、死者数も増えていきました。

渡部　日本ではほとんどの人が手を洗います。トイレもきれいです。

エミン　お風呂も日本人は毎日入る。私が日本に来て最初に驚いたことが、朝の通勤電車に乗っていると、みんなシャンプーのいい匂いがすることでした。それはお風呂に入っているということです。その代わり、夜はみんな、お酒臭くてイヤでしたが（笑）。

渡部　日本ではお風呂に入るときも、シャワーだけでなく、湯船に浸かって温まります。お風呂に浸かるというのは、体温を上げることによって、免疫力を高める効果もあります。

エミン　日本は温泉文化です。

渡部　すべては、歴史と文化の上に成り立っています。

エミン　まさにＱＯＬ（クオリティ・オブ・ライフ）。生活の質の問題です。「日本は先進国の中でＱＯＬが低い」と、いろいろと批判されてきたことも事実で、それは労働環境が悪いということでしたが、健康寿命から見れば、日本は先進国の中で一位です。

渡部　健康寿命が長いというのは、単に寿命が長いだけではなく、健康で長生きということです。

エミン　日本式は今まで効率が悪いと言われていましたが、実はものすごく意味があったということが、今回のコロナ禍ではっきりしました。例えば、日本では家に入るとき靴を脱ぎますが、欧米人にはどうして靴を脱ぐのか理解できませんでした。しかし、靴の裏には新型コロナウイルスのような細菌が付いています。それを家の中に入れないということは大きな意味があったということが今回のコロナ禍ではっきりとわかりました。

渡部　食事も日本人は箸《はし》を使って食べます。手づかみでは食べません。中国も日本と同じ箸文化ですが、大皿に載った料理をみんなで食べるスタイルで、日本のように最初から自分専用の小皿に分けて出てくるわけではありません。

エミン　インドやアラブでは手で直接、物を掴んで食べます。欧米人もパンを食べるときは手づかみです。文化の違いとはいえ、それがマナーだと教えられてきました。しかし、今回のコロナ禍で日本の食べ方が最も衛生的だということがはっきりとわかりました。

渡部　挨拶も、日本式の挨拶はお辞儀だけ。握手とかハグとかキスとかしません。

エミン　身体の接触が少ない生活習慣のせいで、日本は新型コロナウイルスが感染しにくかったと言われています。これからは世界中に日本式の挨拶が広まるかもしれません。

渡部　日本の良さが世界中で見直され、真似をされるようになっていくでしょうね。

日本式でないと今後の世界は生きていけない

エミン　日本のビジネスそのものや、その方法も現在、世界から見直されてきています。というのも、日本のビジネスは伝統的に「損して得取れ」というものでした。一度の取引の損得だけを見ないで、長い目で儲かればいいという考えです。先ほど中国は今だけ儲かればいいという発想が強いと言いましたが、アメリカの金融業界などもその傾向が強い。お客さんが損をしても自分がこの会社にずっといるわけじゃないですから、自分が儲かればいいという連中がかなり多い。

渡部　そういう連中がリーマン・ショックを起こしたとも言えます。

エミン　それに対して日本のビジネスパーソンはアメリカのように簡単に会社を移らないので、目先の利益よりも長期的な付き合いを優先します。

渡部　私は野村證券に勤めていましたが、たとえ会社が儲かっても、お客さんに損をさせてしまうと、自責の念にかられたものです。

エミン　アメリカや中国では自分が儲かればいいという考えで、これまではそんなやり方が評価されてきた面もありました。しかし今回のコロナ騒動を経験したあとでは、そういう考え方は変わらざるを得なくなります。自分だけ良ければいいというような考えで行動していたら、パンデミックが起きて、自分や家族だけでなく人類全体が滅んでしまいます。

渡部　今回のコロナウイルスは、これまでの人類のやり方に対する警告だと言う人もいます。

中国は羊毛を採り、長期で稼ぐよりも、一回だけ良い肉をお腹いっぱい食べられればいいという考え

エミン　私もそう考える一人です。今回の出来事は自分以外は関係ない、環境を破壊しても関係ない、というような考えに対する自然からの報復だと思っています。

渡部　世界中の人々が変わらなければ、これからの世界で生き残ることができないということです。

エミン　アメリカには「羊は一回しか殺せないが、毛はたくさん取れる」ということわざがあります。羊を殺せば肉を食べることができますが、殺してしまえば羊毛を取ることができなくなるというような意味です。これを各国のビジネスの方法に当てはめてみると、これまでの中国は羊毛よりも一回だけ良い肉を食べられればいいという考え。殺して結局自分の首を絞めているのに気がつかない。アメリカはもう少し賢くて、羊を殺すヤツもいれば、殺さないで羊毛を頻繁に刈ってそれで儲けるヤツもいるというやり方。そして日本はというと、もっと賢くて、「羊の毛を剃らないで、羊に美味しいものを食べさせて、自然に落ちてくる毛を集める」というような方法でした。つまり、「結果的にみんながハッピーになろう」という考えです。この日本のやり方が、これからの世界が目指す方向だと思います。

渡部　それは前に説明したステークホルダーの考えと同じですし、渋沢栄一の考え方にも通じることです。

日本の生活様式はミニマリズムを先取りしていた

エミン　持続可能な社会に価値を見いだしている１９８１年以降に生まれたミレニアル世代の特徴にミニマリズムというものがあります。これも本来は日本の生活様式だともいえます。

渡部　ミニマリズムというのは、できるだけモノを持たないで、最小限度にまで生活を質素にしようという考え方のことですね。

エミン　住居も、日本では昔から長屋や、今は古民家《こみんか》といわれている建物が普通でした。それは基本的に簡素かつ質素で、まさにミニマリズム建築といってもいいものです。さらに今の若い人たちは物を持つよりもシェアするということを選ぶようになったり、サブスクリプション、つまり物を買うのではなく利用料金を支払って一定期間だけ自分のものにするというような方式を取ったりしていますが、それもミニマリズムであり、日本本来の考え方でした。

渡部　江戸時代の庶民は家財道具を買うのではなく「損料屋《そんりょうや》」というところからレンタルしていたといいますし、買う場合でも「道具屋」から古道具を買って生活していました。

エミン　ミレニアル世代で流行っているベジタリアニズム（菜食主義）やすべての動物を搾取《さくしゅ》することを嫌うビーガニズムも、もともと日本で行っていたことです。

渡部　明治時代になるまで日本ではタンパク質は魚や大豆からしかとらなかったし、精進料理はまさにベジタリアンそのものです。

エミン　日本食はビーガンを先取りしていたともいえます。

渡部　日本は伝統的に自然の恵みを大切にしてきました。それに対してアメリカなどは、日本とは真逆に自然を壊したものを愛用しているというか、化合物や薬漬けの生活を送ろうとさえしているように見えます。

エミン　肉を食べたくないビーガンのために植物由来の人工肉をつくろう、というのがアメリカの発想なんです。

渡部　人工肉なんて、はっきり言って何が入っているかわかりません。そんな合成した訳のわからない人工肉を食べるよりは、豆腐や精進料理のほうがよほど身体にいい。日本は薬も、化学化合物ではなく生薬や漢方という自然由来のものを服用してきました。日本人の食事は、野菜中心で、そこに発酵食品が加わり、魚。まさにミレニアル世代が指向する食生活そのものでした。

エミン　今回のコロナ禍で欧米に死亡者が多いのは、食生活が悪いのが原因だとも言われています。ジャンクフードばかり食べている欧米人には肥満が多い。そのため高血圧や心臓病の人も多く、コロナウイルスの感染で重症化しやすかった。そんな欧米人に比べると、日本人の体型は健康的です。これも日本の伝統的な食文化のたまものです。

渡部　欧米人には健康マニアもすごく多い。特に富裕層は健康に気をつけて、食生活にも注意を払っています。今回のコロナ禍で日本食の良さがいっそう見直されることになれば、日本の食品メーカーやそれに付随する日本メーカーも注目されることになり、株価にも反映されます。

エミン　世界中の投資家が見逃すはずがありません。

渡部　投資家はたえず世界を見回して、どこに投資をすればいいのか目を光らせています。世界が日本の良さに注目することで、投資家も日本に注目することになる。株の世界からだけで見れば、コロナウイルスは日本にとって大きなプラスです。

日本への注目が株価の上昇を加速させる

エミン　日本人が当たり前だと思っていることが、実は世界にとってはかなりの衝撃だったということです。今回のコロナ禍で、日本食だけでなく、日本の生活スタイルそのものがウィズコロナの世界では有効だということがわかりました。まさに日本の優位性が世界に示された。これも一種のジャポニスムです。

渡部　日本人は手洗いやうがいの習慣がありますが、これはよく考えると、神道に由来しているのかもしれません。神社に参拝するときは、手水で手を洗い、口をゆすぐ。それは清めるということ。日本人が清潔好きというのも、身を清めるという神道の考えがもとにあるからで、そこから清々しいという日本語も生まれたのだと思います。

エミン　清潔好きという点では、日本は本当に独特な文化を持っています。日本は昔から中国の影響を受けてきたことは確かですが、中国では家に入るときに靴を脱ぎません。靴を脱ぐのは中国の文化ではなく、日本独特なものです。お風呂もアジア全域が日本と同じかというと、そうではありません。日本のお風呂の素晴らしさに関しては、数年前に『テルマエ・ロマエ』（ヤマザキマリ著・エンターブレイン刊）というマンガが流行って、映画にもなりました。

渡部　古代ローマのお風呂の建築家が現在の日本にタイムスリップする話です。日本のお風呂文化の素晴らしさに驚いて、それをローマに持ち帰って成功する……。

エミン　古代ローマの人たちも公衆浴場などをつくって楽しんでいたようですが、日本は今でもお風呂を楽しんでいます。それは文化です。

渡部　このような日本文化は日本の立地に関係していると思います。日本は島国で南北に長く、温暖な気候であり、雨も多く、水が豊富。しかも、地球の裂け目でもあるプレートがぶつかり合っているところに立地しているので火山や地震が多い。火山は温泉を生み、お風呂文化に発展していきました。地震の多さはそこに住む私たち日本人に常に危機意識を持たせ、自分だけ助かればいいという発想よりもお互い様という感覚や社会全体で地域を守ろうという意識につながっていきました。さらに日本は海に囲まれている島国ですので、海外の影響をそれほど受けず、独自の文化が生まれていったともいえます。

エミン　日本は四季もはっきりしていますし、日本人はそれを楽しんでいます。だからこそ自然への感謝の気持ちを忘れないのです。

渡部　それもまさに、神道の考え方です。神道とは自然と神様は一体であり、すべてのものに神が宿っているという考え。だからこそ自然に対する怖れもあり、感謝の気持ちも生まれ、それがひいては日本の文化につながっていきました。さらに言うなら、このような神道の考え方は縄文時代のアニミズム（自然界のそれぞれのものに固有の霊が宿るという信仰）から受け継がれているものです。コロナ後の新しいモデルは日本の縄文時代にあると私は言いましたが、縄文時代の精神は神道となり、日本のスタイルにまで受け継がれています。

エミン　そんな日本のスタイルが今回のコロナ禍でいっそう注目され、コロナと共存していかなければならない今後の生活スタイルのヒントに世界中でなっています。

渡部　挨拶はお辞儀だけで済ませ、家に帰ってきたら靴を脱いで手を洗い、うがいをして、毎日お風呂に入る。食事も自分の専用の小皿で自分専用のお箸で食べる。こういう日本のスタイルは、まさにソーシャル・ディスタンスそのものです。

エミン　欧米と比べて日本の死亡者が少ないことでジャパニーズ・ミラクルとも呼ばれました。食文化や生活スタイルなど、日本の良さに世界が注目することで、その精神に基づいている日本企業も見直されていきます。しかも、これまでの経済成長のモデルだけでは計れない価値も見いだされていくでしょう。今回のコロナ禍は日本の株式市場にとって追い風となりますし、今後の世界の株式のストーリーはジャパニーズ・ミラクルがキーワードになります。

渡部　ユーチューブやフェイスブックなどのSNSの発達もあり、日本の情報がすぐに世界に発信される時代になっています。SNSのない時代では考えられないスピードで日本の情報が今や世界中を駆けめぐっています。

エミン　日本に住んでいる外国人が、日本の状況を英語で世界に紹介している動画がどんどんユーチューブにあがっていることを先ほど説明しました。しかも、その再生回数は何百万という凄い数になっています。

渡部　日本の価値観が世界の人たちに広く受け入れられるようになってきたのです。まさに新しい日本ストーリーの始まりです。

エミン　こうして見てくると、私たちが言っているように、日本の株が今後上昇し、30年以内に日経平均が30万円以上になるということにしっかりとした根拠があることが理解できると思います。日本は１９９０年のバブル崩壊後、株価は低迷していましたが、２０１３年以降の新冷戦の開始とともに株価が上昇サイクルに転換し、今回のコロナ禍で日本の良さが再認識されたことで、いっそう注目され、それが結果的に日本の株を押し上げる追い風になっていきます。

渡部　世界は劇的に変化しています。今回のコロナ禍で、これまでの人口増加を前提にした経済成長のモデルが終わりを告げたなか、人口が減少してもクオリティ重視などの新しい経済モデルで企業の利益を上げることができることが証明されれば、世界はさらにいっそうその方向に加速していく。それをリードすることができるのは日本であり、それに成功すれば、ますます日本株が上昇する。

エミン　２０２０年8月31日に米国のバリュー投資の巨匠・ウォーレン・バフェットが日本の商社株へ60億ドル（約６３５０億円）規模の投資をしたことが報道されました。まさに、日本株が世界から注目されている象徴的な出来事でした。日本株は、いやもっと広い意味で日本は、現在、世界で究極のバリューです。日経平均が30万円どころか、それ以上になると、私は確信しています。

第三章
『会社四季報』を駆使してテンバガーを探そう！

『会社四季報』には3つの特徴がある

渡部　日本株は現在上昇サイクルに入っており、今回のコロナ禍がさらに日本株を押し上げる追い風になるということを話してきました。それでは具体的にどの日本企業の株を買えばいいのか。そのときにまず参考となるのは、『会社四季報』（東洋経済新報社）です。

エミン　『会社四季報』には日本の株式市場に上場している全企業の情報が掲載されています。しかも年４回発売されます。これは日本独自のもので、世界を見渡してもこれほど便利なものはありません。

渡部　『会社四季報』の特徴は３つあります。それは強みと言い換えることができます。「継続性」と「網羅《もうら》性」と「先見性」の３つです。まずは継続性。『会社四季報』が創刊されたのは戦前の１９３６（昭和11）年６月。それ以来、戦前戦後に合わせて３年間ほどの休刊期間があっただけで、戦時中も刊行され続けて現在に至っています。

エミン　２０２０年の現在まで、なんと80年以上も続いています。こんなに長く続いている出版物は日本でも珍しい。

渡部 一般の人が手にする冊子では、私が知っている限り、全国の鉄道の運転時刻を網羅している『ＪＴＢ時刻表』（ＪＴＢパブリッシング）が最も古くて、創刊から90年以上続いています（１９２５年／大正14年）。これに次いで古いのが『会社四季報』です。

エミン これだけ歴史があると何が便利かというと、過去を調べることができるということですね。

渡部 その通り。例えば自動車メーカー「トヨタ」は今や日本ばかりか世界を代表する大企業になっていますが、トヨタが戦後再上場したのは１９４９年5月。当時のことは１９４９年の『会社四季報』を調べれば、その時点のほかの企業の実態も含めて、簡単に知ることができます。

エミン これは株式投資にとって、とても意味のあることです。なぜなら、過去を知らなければ未来を見通すことができないからです。現在では成長して大企業になっていても、上場当時は株価も安く、それほど世間に注目されていなかったという企業はたくさんあります。そういう過去を調べることで、それと同じような成長を遂げる企業はないか、未来を推測することができるようになります。

渡部　過去を調べて未来を予測する。それができるのも『会社四季報』が80年以上にもわたって出版され続けているからで、まさに「継続性」の強みということです。ちなみに過去の『会社四季報』を調べたいときは、インターネットで「会社四季報オンライン」を利用すれば、創刊号から最新号まですべての個別銘柄を見ることができます。有料ですが、大変に有益です。

エミン　次に「網羅性」に関しては、日本の株式市場に上場している約３８００社すべての企業情報が掲載されています。これも驚くべきことです。もちろん、インターネットで、例えば「Ｙａｈｏｏ！ファイナンス」で調べれば、上場企業の一社一社の情報を調べることはできますが、上場している全企業をまとめて一冊で見ることができるのは『会社四季報』だけです。

渡部　個別の企業の情報については『週刊東洋経済』などの経済雑誌に掲載されますが、上場企業のすべての情報が載っているのは『会社四季報』しかありません。しかも『会社四季報』は年に4回、新春号、春号、夏号、秋号というように、3カ月に1回の割合で発行されています。

エミン　企業の業績はその都度変化していくものですから、そのときどきの企業の業績を

会社四季報の活用法～四季報の強み～

■ 四季報の強みは何か

1925年創刊の「時刻表（JTB）」に次ぐ歴史

①継続性⇒過去の歴史を知る
- ➢ 1936（昭和11）年6月に創刊し2020年夏号で84周年を迎える
- ➢ 企業の過去を知ることができる⇒テンバガーの検証ができる

②網羅性⇒企業を知る、今を知る
- ➢ 四季報は全上場企業を1冊で網羅する世界唯一の書籍
- ➢ ミクロの積上げはマクロ⇒企業の動きと世界経済がわかる
- ➢ うまく活用すれば「宝の山」、そうでなければ「宝の持ち腐れ」

③先見性⇒未来を知る
- ➢ 四半期決算がない時代に年4回の発行とした先見性
- ➢ 唯一全銘柄の来期予想を掲載⇒今後の展望を占うヒントに

【未来を知るには・・】
- ✓ 四季報コメントにある「キラリと光る一言」が大きなヒントに
- ✓ その一言を「気づき」と表現するが、そこから「風が吹けば桶屋が儲かる」的に連想し「妄想ストーリー」になると未来が見える

含む生の情報を入手できる、投資家にとって貴重な資料です。現在は「四半期決算」といって、1年を4期に分けて3カ月に1度の割合で決算を公表することが上場企業に義務化されており、それに合わせる形で『会社四季報』が年4回、発行されているのは実にありがたい。

渡部　四半期決算の公表が法律で義務化されたのは２００９年の３月期以降からですが、『会社四季報』は四半期決算がない時代から年に4回、発行し続けてきました。これはまさに「先見性」があったということです。

エミン　「先見性」という意味では、『会社四季報』はすべての企業に対して、四季報独自の今期、来期予想を掲載しています。これは投資家にとって今後の展望を占う重要なヒントの一

つになります。

渡部　1979年に日本経済新聞社が『会社四季報』と同じようにすべての上場企業の情報を掲載した『日経会社情報』という冊子を発行しました。しかし、そこには今期の業績予想が書かれているだけで、『会社四季報』のような記者が独自に分析した来期予想は載っていませんでした。そのためもあり、『日経会社情報』は2017年の春号で休刊に追い込まれてしまいました。

エミン　『会社四季報』のほうが良かったということですね。

渡部　私が勤めていた野村證券でも来期の業績予想を出していますが、それはせいぜい500社ぐらい。全上場企業の13%ぐらいでしかありません。ところが『会社四季報』では上場企業すべての業績に関する来期予想を出している。これはすごい。もちろん、その予想が外れることもありますが、取りあえず目安を出してくれるだけでも投資家には有益です。

エミン　来期予想が当たる当たらないで文句を言う人がいますが、それはちょっと短絡的です。これはあくまでも『会社四季報』のオリジナルの予想であり、最終的にその銘柄を買うか買わないのかを判断するのは投資家です。投資家が『会社四季報』のオリジナル予想をヒントにして最終的な投資判断をするしかありません。大型株は証券会社が来期予想を出したりしますが、中小型株の場合は『会社四季報』しかありません。

渡部　そういった意味でも『会社四季報』をいかに上手に利用するか、それは『会社四季報』自体というよりも私たち自身の問題です。

エミン　うまく活用することができれば『会社四季報』は宝の山となるし、そうでなければ宝の持ち腐れとなる。そういうことです。

過去を知り　今を知り　未来を知る

渡部　１９３６年の『会社四季報』創刊号の巻頭ページに「本書発行に就いて」という文章が掲載されています。それを読むと、『会社四季報』創刊の意図や目的がはっきりわかります。こう書かれています。「すなわち、生きた会社要覧を提供しようとするのがその意図するところだ。言うまでもなく会社は生きたものである。殊に、投資的対象として株式会社を見る場合には、日々刻々の息吹を知る必要がある。だから年に1回しか発行されぬ便覧の類いではその目的には不十分だ。そこでわれわれはもっと頻繁に、3カ月ごとに刊行する『会社四季報』を作ったわけである……」

エミン 「会社は生き物だからこそ、刻々と変化する息吹を知るために年に4回、3カ月ごとに刊行する」。この創刊の精神は現在までまったくブレていません。

渡部 さらに、こう続いています。「ますます便利にというのが刊行者の願うところだから、読者においてもお気付きの点があったら要求をどしどし寄せてもらいたい。利用者との共同編集の下に改善していくのが最も良い方法だと思うからだ……」。つまり、『会社四季報』は「読者のために」創刊したということです。

エミン 「読者のため」というのは、読者目線を大事にするということです。だからこそ、読者が一番知りたい業績の来期予想やそのほかの独自記事を掲載しているわけです。渡部さんが『会社四季報』の特徴と強みは「継続性」と「網羅性」と「先見性」だと説明しました。それはその企業や業種、日本経済そのものの過去を知り、今を知り、未来を知るということです。これだけ内容の濃い冊子を税込み2300円で購入できるというのも、すごい。

渡部 本屋さんに行けば、誰でも買えますしね。

エミン　これはとても日本的なことで、アメリカなら考えられません。アメリカの場合、誰かが早い段階で『会社四季報』の情報を買収し、お金持ちの人向けだけに、多額の料金で提供していたと思います。

渡部　日本には自分だけというよりも、みんなのためにという考え方があります。そういう意味では『会社四季報』はたしかに日本独特なものかもしれません。

エミン　しかも80年以上も発刊し続けて、現在に至っています。アメリカで『会社四季報』と同じ情報量を得ようとしたら、たいへんなお金がかかることは間違いありません。

渡部　アメリカには経済や金融に特化した情報を配信する「ブルームバーグ」などの情報サービス会社もありますが、すべての上場企業の情報をまとめて見ることができるという点では『会社四季報』にかないません。

エミン　しかも、たったの２３００円。

渡部　それを高いと思うか安いと思うか。私はめちゃくちゃ安いと思っています。

紙媒体ならではの良さがある

エミン　日本に来て、『会社四季報』を最初に見たとき、本当に圧倒されました。ページ数は2000ページ以上もあるし、文字数も多い。最初は何がなんだかよくわかりませんでした。しかし慣れてしまえば、どこにどの情報が書いてあるのかパッと見てわかるようになりました。そうなると、すごく便利だと感じるようになりました。

渡部　『会社四季報』には、企業の財務諸表である貸借対照表（B／S・バランスシート）や損益計算書（P／L）も載っていますし、過去の株価の動きもチャートの形で見ることができます。

エミン　会社の本社がどこにあって、何年に創業され、社員が何人いるかまでわかる。これらの企業情報はインターネットで調べようと思えばできますが、いちいち会社ごとに検索しなければなりません。しかし『会社四季報』はページをめくるだけで簡単に情報が手に入ります。

渡部 私は『会社四季報』は弁当箱だと思っています。しかも、この弁当箱にはフルコースのおかずが全部詰まっている。

エミン とても美味しいお弁当ですね（笑）。

渡部 『会社四季報』は紙媒体だけでなく、CD－ROMや電子書籍での販売もされています。慣れの問題かもしれませんが、私は紙のほうが読みやすい。

エミン 私も同じです。新聞とか雑誌もそうなのですが、紙媒体には紙媒体の良さというものがあります。例えば、目的地に向かうとき、地図を広げるのとナビゲータを使うのとでは異なります。行き先が決まっていて、そこに最短ルートで到着しようと思えば、ナビゲータを使うのが一番便利。企業の情報にしても、調べたい企業がわかっているなら、インターネットを使えば簡単にその企業の情報を得ることができます。

渡部 インターネットの「四季報オンライン」というサイトを利用して、調べたい企業名を入力すれば、『会社四季報』と同じ情報を読むことができますし、証券会社に口座を持っている人なら、証券会社のサイトから企業名や証券コードを入力すれば、その企業についての『会社四季報』の記事を読むこともできます。

エミン しかし、行き先をまだ決めていない人が地図を広げて、今日はどこに行こうかなと眺めていると、「ここに池があるんだ」とか「ここに公園があったのか」とか、今まで気づかなかったことが見えてくるようなことがある。これと同じで、紙媒体の『会社四季報』をペラペラとめくっていくことで、これまで知らなかった企業を見つけたり、今まで気づかなかった企業の情報を得たりすることができます。

渡部　ある特定の企業を調べようと思ってページをめくっている途中に、ほかの企業の情報が目に入ってくることはよくあります。この企業の業績が良さそうなので調べてみたら、同業他社のほうが業績がいいことに気づいたというようなこともたくさんあります。

エミン　新聞もデジタル媒体で読むと、読みたいと思っている記事しか結局は読みません。しかし紙媒体だと、新聞をめくっているうちに面白そうな別の記事を見つけて、その記事も読んでしまいます。知識が広がりますし、思いがけないことにも気づきます。そこに利点を感じている人がいる限り、デジタル化がどんなに進んでも紙媒体はなくならないと思います。特に『会社四季報』は紙媒体だからこそ、ページをめくっていくうちにいろいろなことに気づいたりします。投資の世界では大変に重要なことです。

最初から最後まで全ページを読破する

渡部　私の『会社四季報』の読み方は、最初から最後まで、およそ２０００ページをすべて読む方法です。『会社四季報』は年に４回発行されますが、その都度、読破します。

エミン　私も渡部さんに教えられて、全ページを読むようになりました。もう11年ぐらいになります。

渡部　私がそういう読み方を始めたのは１９９８年新春号からですから、もうかれこれ22年以上になります。読破した数は90冊を超えるまでになりました。最初は読みきるだけで一週間以上かかりましたが、今では２日半ぐらいで読めるようになりました。どうしてこのような読み方を始めたのかというと、当時在籍していた野村證券の上司から「『会社四季報』を全部読め」と指導されたからです。当時の野村證券は体育会系といってもいいぐらい上下関係が厳しかったので、先輩の命令は絶対でした。最初は怒られないために必死に読んでいったという感じでしたが、読めば読むほど、いかに自分が勉強不足かということを痛感していきました。お客さまに株を勧めるのが仕事なのに、上場している企業の名前さえほとんど知らないという有様でした。

エミン 読めば読むほど、いろいろなことに気づきます。渡部さんも私も、『会社四季報』を読みながら、気になる個所に付箋を付けていきます。そうすると、付箋の数だけで凄いことになります。

渡部 『会社四季報』というのは、だいたい150人弱の記者が今というものを調べてレポートしてくれているようなものです。しかも個別企業の動きをミクロベースで調べてくれて、そこから現在の世の中を解き明かしてくれる。まさに小説のようなものだと思っています。だからこそ一ページ目から読んでいきます。

エミン 小説を読むときは最初から読むのが当たり前です。途中から読んだり、部分部分を読んだりしても、よく理解できません。特に伏線が散りばめられたりしていたら、最初から読まないとわかりません。

渡部 『会社四季報』を最初から最後まで読んでいくと、この企業の業績が別の企業の業績と関連していることに気づいたり、この業種の銘柄は駄目だけど反対にこっちの業種の銘柄がいい、というような「気づき」を発見できます。それは小説でいう伏線と同じようなものです。まったく業種が異なっていても実は奥のほうでつながっていることがわかったり、この点とこの点を結んでいくと、大きな立体像が見えてくるというようなことが起こったりします。

エミン　世の中の動きは全部つながっていますから。その世の中の動きを見つけだすためには個別の企業の情報が必要であり、そのために『会社四季報』をすべて読むことに意義があるのです。

渡部　『会社四季報』を読んでいくと、「あ、この会社はこんなものをつくっていたのか」とか、それとは逆に「あ、この製品をつくっていたのはこの会社だったのか」というような単純な発見をすることも多い。

エミン　東京に本社があると思っていたのに地方にあったとか、こんな会社が上場していたのか、というような些細なことでも新しい発見がある。

渡部　そうなると街を歩いていても楽しい。それまで何の感慨もなく通っていた道でも、「マンホールをつくっているのはどんな会社なんだろう」と興味が出てきたり、「最近この商品が流行っているようだけれど、つくっているのはあの会社なんだ」とわかったり。街を歩いていて気になった会社があったらすぐに『会社四季報』で調べるようにすると、そこから新しい発見がまた生まれてきます。

エミン　読み続けていくことも大事です。年に4回発行される『会社四季報』を読み続けていくことで、社会の変化にも気づくことができる。例えば、「この業界の業績は良かったのに、だんだん下り坂になっているな」とか「この銘柄が急激に上昇しているぞ」とか。それには理由があるので、その理由を探ってみることで、社会の変化を知ることができるようになります。

渡部　社会の変化に気づけば、それをもとにして株価が上がる企業を見つけることも可能になります。とはいえ、これから『会社四季報』を読んでみようと思っている人は、株価が上がるかもしれない銘柄を血眼《ちまなこ》になって探すのではなく、読み物だと思って軽い気持ちで読んでいってほしい。そして、少しでも気になったところがあったら付箋を付け、とにかく最初から最後まで読み通すこと。そうすることで初めて、膨大な銘柄の中から光って見える銘柄が浮かんでくるようになる。そんな銘柄を見つけたら、すぐに投資をしなくても、しばらく様子を見てみるだけでもいい。もしも株価が上がっていったら、それだけでもうれしいし、今後の投資の参考になります。

巻頭巻末の特集記事も貴重な情報源

エミン　『会社四季報』にはすべての上場企業の個別情報が掲載されていますが、それだけではありません。巻頭と巻末にも重要なデータや記事が掲載されています。

渡部　２０２０年夏号を見てみると、巻頭に「【見出し】ランキングで見る業績トレンド」と「夏号のポイント」という記事があります。

エミン　この「【見出し】ランキングで見る業績トレンド」を見てみると、今号の各企業についての見出しのコメントが「反落」とか「続落」というような悪いものばかりだということがわかります。

渡部　これを見た瞬間、やっぱりコロナで各企業の業績が悪化しているんだと絶望してしまう人がいるかもしれませんが、私の見方は違います。「これだけ業績が悪いということは、これ以上悪くならないということかもしれないぞ」と考えます。証券用語では「陰《いん》の極《きょく》」といって、相場が下がりきった状態を表します。今がまさに「陰の陰」です。これから業績は真っ暗なところから夜明け前までになるだろうから相場としては面白くなると、そういう印象を瞬間的に抱きます。そういった意味でも、巻頭のこの記事は相場全体を見るうえでとても参考になります。

エミン　「夏号のポイント」の欄で、まず見ておかなくてはならないのは「市場別集計」です。これは1部上場と2部上場、それにJASDAQ、新興市場、それぞれに上場している企業の決算業績を集計し、その総額が前の期と比《くら》べてどう変化したかの増減率を、前期実績と今来期の予想、3期分について載せています。

渡部　これはとても重要な資料で、毎号巻頭に掲載されます。特に「今期」と「来期」の予想は貴重です。これは上場しているすべての企業の業績予想を計算し、はじき出している数値で、『会社四季報』だからこそできる技です。野村證券でも各企業の業績予想をしていますが、それはせいぜい500社ぐらい。しかし『会社四季報』の場合は、すべての上場企業の業績予想を数値として出しており、それを積み上げた数字だからこそ、市場全体を見通すことができるようになります。

エミン　つまり、各市場全体の今期と来期の予想をしているのは『会社四季報』しかないということですね。

渡部　私はここで出されている数字自体をアリ塚にたとえています。アリを一匹ずつ見ていても何をやっているのかわかりませんが、一つひとつ砂を積んでいってアリ塚となったときに、はじめてそこに棲息しているアリたちとアリ塚という全体像が見えてきます。これと同じように、一つひとつの企業の業績を見ているとわからないものが、その数字を積み上げた上場企業全体の数字になると日本経済という全体像が見えてきます。

エミン　ここには「売上高」「営業利益」「経常利益」「純利益」のそれぞれの数値が出ています。

渡部　特に大事なのは「売上高」と「営業利益」。「売上高」とは文字どおり売上のことで、売上が伸びれば増収になるし、減れば減収となる。「営業利益」とは本業の利益ということですから、この数値を見れば、本業の業績がいいのか悪いのかがわかります。

エミン　一般に1部上場企業は大企業で、2部企業は中小企業、ＪＡＳＤＡＱ、新興市場に上場しているのはベンチャー企業や若い新興企業。市場別の業績を見ることで、それぞれの全体像が見えてきます。例えば「大企業が多い1部上場企業は景気が良さそうだが、中小企業が多い2部上場企業はまだまだ景気が停滞しているようだ」などという観測が成り立ちます。

渡部　さらに、この数値は平均値なので、この平均値と比べることで、特定の企業の業績がいいのか悪いのかということを判断する材料にもなります。平均値より上回っている数値なら、たとえ業績自体が悪い数字でも、それほど悪いとは言えないでしょうし、逆に業績は上がっていても、平均値に比べて低いという場合は、その会社は業績がいいとは言えません。そういう見立てができるようになります。

エミン 巻頭ページにある「【業種別】業績展望」という記事も重要です。これも毎号掲載されるもので、「市場別集計」をさらに業種別に示したものです。

渡部 業種の種類は製造業と非製造業、それに金融というように大きく分けると3つあり、さらに細かい業種に分けられていて、東京証券取引所が定める33の業種に分けられています。ここでも大事なのは「売上高」と「営業利益」の数字で、ここから業種ごとの全体像を見ることができます。

エミン 特に前号と比較した「前号比増減率」も掲載されているので、その数値がプラスになっていれば、その業種全体の業績が伸びているということですから、当然、その業種に属する各企業にも注目すればいいということになります。

渡部 さらに、業種ごとの平均値と比較して各個別の企業の業績の良い悪いの判断材料にすることもできます。

エミン この「市場別集計」と「【業種別】業績展望」を毎号見ておくだけでも、世の中の流れがわかるようになります。

渡部 「新興企業の業績が悪かったが徐々に上向きになっているな」とか「この業種がどんどん伸びているぞ」とか、それは毎号読んでいるからこそ、気がつくことなのです。

エミン 巻頭だけでなく、巻末に掲載されているデータ記事も読んでおいて損はありません。巻末には「株式優待」を行っているすべての企業とその中身が掲載されていたり、社債の「信用格付け」であったり、「社名・呼称変更（予定）会社一覧」とか「上場廃止（予定）会社一覧」とか、また別の情報が載っています。

渡部 株式優待の一覧表などは、株式投資を始めようとする人にとってもありがたい記事です。投資家の中には株式優待目当てで、株を購入する人もいるくらいですから、この一覧表を見ているだけでも楽しい。

エミン 巻末には各社の「想定為替レート」の一覧表も掲載されています。これは為替が動いたときに業績にどれだけ影響が出るかという数値で、ここに書かれていることを知らない投資家は、一生懸命になってこの数値をネットで探したりしています。しかし、何のことはない、『会社四季報』に書いてあるのです。

渡部　私たちが『会社四季報』を最初から最後まで読めといっているのは、株式投資に必要な情報はすべてここに掲載されているからです。

エミン　株式投資には『会社四季報』に載っている情報だけで十分です。あとは新聞を読むくらいで、あちこちから情報を収集する必要はありません。

「A」ブロックは自己紹介の欄

渡部　『会社四季報』にはアイウエオ順ではなく、証券コードの若い順に上場企業が並べられています。証券コードというのは、その企業に割り振られた4桁の数字のことで、業種ごとに区分されており、例えば１３００番台は「水産・農林業」、１５００番台は「鉱業」、１６００番台は「石油ガス開発」というように決まっています。とはいえ、最近は銘柄数が増え、コード番号が業種区分に合わない場合もあるので注意が必要です。

エミン　読み方としては、自分の興味がある業種から読んでいってもいいのですが、できるだけ１３００番台から順番に読んでいくことをお勧めします。どこにどんな思わぬ情報

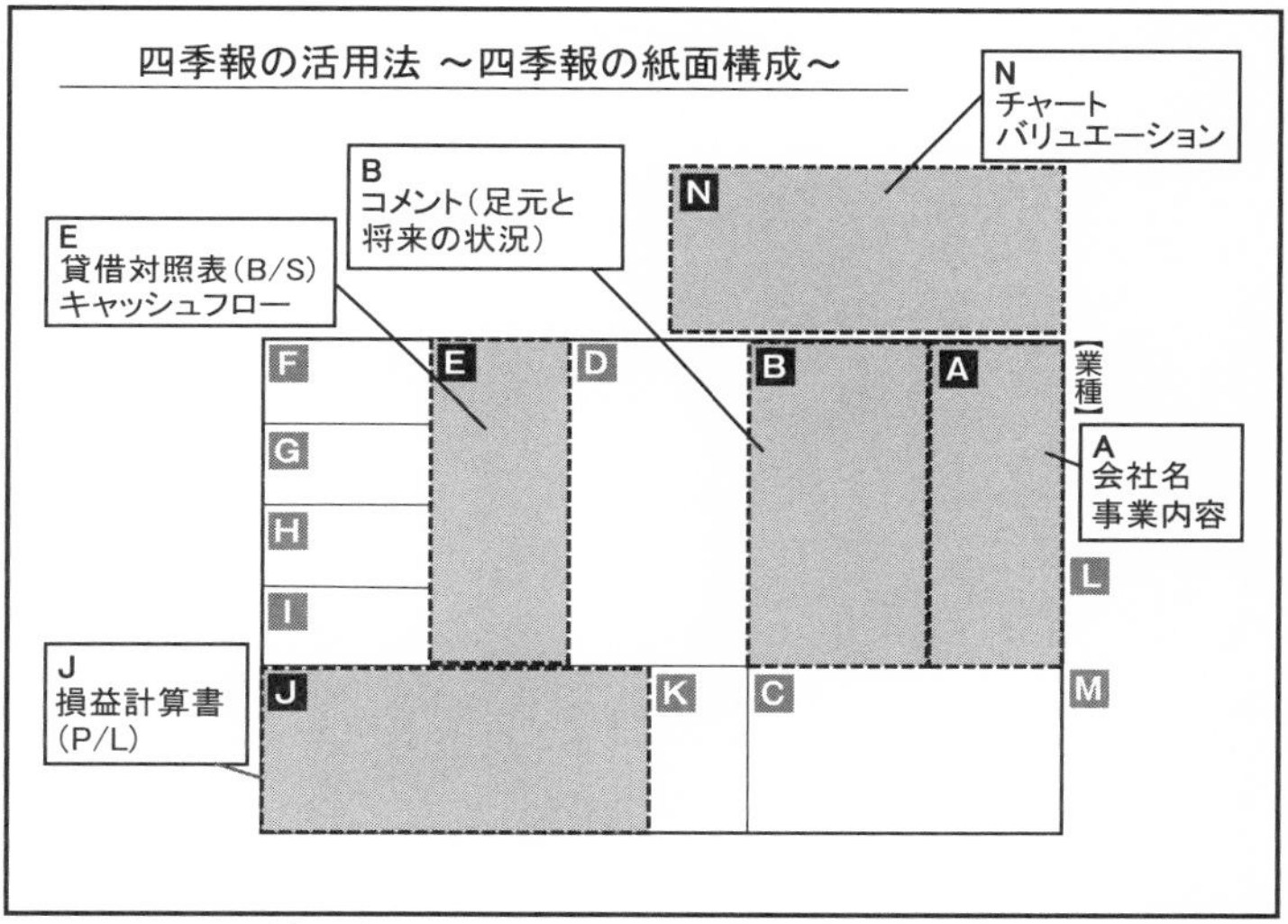

があるとも限りません。面倒だと思っても、最初から最後まで全てに目を通すことが大事です。

渡部　具体的な記事の中身に関しては、その記述が決まった形式になっていて、ＡブロックからＮブロックまで細かく分かれています。

エミン　最初は戸惑ってしまいますが、これらのブロックの意味については『会社四季報』の中できちんと解説されていますし、慣れてしまえば、かえってわかりやすいと感じるようになります。

渡部　初めて『会社四季報』を読む人は、ＡからＮブロックすべてに目を通そうとすると、かなりの時間と分析が必要になります。ですから、まずは５つのブロックだけを読めばいいと思っています。覚え方としては「安倍ジャパン」。つまり「ABE・JAPAN」の「A」「B」「E」「J」「N」(笑)。

エミン　「A」ブロックには社名と証券コード、会社を設立した年月日や上場した日にちなどが書いてあります。

渡部　ここはその企業の自己紹介だと言っていい。社名にしても、私たちは知っているようで、実は正式な名称を知らないことが多いし、まったく名前を知らない企業もあります。それを見ていくだけでも興味がわきますし、さらに【特色】という欄にはその企業の事業内容が書いてあるので、それを読むと、「この会社はこんなことしているのか」という発見があったりします。

エミン　各企業の【特色】を見ていくと、私たちが普段よく目にしているほとんどの物が上場企業によって提供されていることが改めてわかります。実はそこにも株式投資のヒントが隠されていて、私たちの生活の身近なところからこれから伸びていくであろう企業を推測することができるようになります。例えば、最近何か流行っているものがあるとしたら、その製品そのものだけでなく、それをつくっている素材とか部品とか、それに付随しているものや関連しているものを提供している会社も伸びていくであろうことが予測できます。そうなれば、その会社は買いということになります。

渡部　『会社四季報』を全ページ読んでおくと、後でハッと気づいたりすることも出てきます。

エミン　ですから【特色】欄に書かれているその会社の事業内容を読んで、少しでも面白いと思ったり、何か引っかかるようなことがあったりしたら、付箋を貼っておくといい。【特色】の他に【連結事業】という欄もあり、ここにはその会社の直近の部門別売上構成比率が掲載されていて、【特色】だけではその会社の事業内容がわからないときは、この【連結事業】を見て、その会社の大まかな実態がわかるようになっています。

見出しとコメントから今後を予測する

渡部　次に「B」ブロックには、その企業の現在と将来についての状況を『会社四季報』の記者が独自に分析したコメントを載せています。大事なのは【】に挟まれた見出しの文字です。

エミン　２０２０年夏号の『会社四季報』の巻頭記事に「【見出し】ランキングで見る業績トレンド」というのがあると述べましたが、この【見出し】というのはこのBブロックに書かれている見出しのことです。ここにはその企業の業績が良ければ【最高益】とか【続伸】などといったポジティブな言葉が使用され、逆に業績が低迷しているときは【大幅減益】とか【反落】などといったネガティブな言葉が使われます。ですから、この見出しを見ただけでその企業の実態がある程度わかるようになっています。

渡部　コメントの見出しは二つあり、最初の見出しで説明しているのは、原則今期の予想について。つまり、短期的な状況のこと。二番目の見出しで説明しているのは、中長期の展望について。これらは『会社四季報』の記者が取材して書いているもので、ある程度の信用があります。とはいえ、すべてが正しいかといえばそうとは断言できないところもあるので、注意も必要です。あくまでも予想記事なので外れることもあります。

エミン　見出しがネガティブだから、その企業は駄目だというわけではけっしてありません。先ほど渡部さんが「陰の極」という考えを説明しましたが、ここが最底値だとしたら、あとは上昇するしかないと考えることもできます。

渡部　それは逆のことも言えます。見出しがポジティブだからといって、それがいつまで続くのか。それを見極めないと、そのときが収益のピークで、あとは下り坂ということもあります。

エミン　大事なのは、見出しとそれに続くコメントを読んで、自分に何か引っかかるものを感じたら付箋などを付けておくこと。特に短期的な業績予想は悪いが、中長期で見た場合に業績が上昇していくような変化を感じることができれば、その企業の株は買いということになります。

渡部　さらに言えば、ポジティブやネガティブな見出しと、そこに書かれているコメントの奥に隠されている意味を探る癖をつけていくといい。

エミン　初めて『会社四季報』を読む人にはちょっとレベルが高くなるかもしれませんが、見出しとコメントから自分なりにその企業の今後の展望を想像し、予測してみるのがお勧めです。そういう癖をつけるだけでも、投資をするときの判断が鍛えられていくのは間違いありません。

健全性を表す【財務】と【キャッシュフロー】

渡部　「E」ブロックに書かれているのは【株式】と【財務】【指標等】、そして【キャッシュフロー】など。ここで見ていくのはその企業の健全性です。どんなに立派に見えても、中身がガタガタだったら、どうしようもありません。倒産寸前ということもあります。

エミン　企業のお金のやりくりを見ておくことは、とても重要ですね。

渡部　特に【財務】欄に書かれているものが、貸借対照表（バランスシート）と言われているものです。そもそも貸借対照表とはその企業が資金をどのように調達し、運用しているのかを確認するためのもので、これを作成することによって財政状態が一目でわかります。

エミン　一般的に貸借対照表を作成するときは、向かって右側に会社のお金の調達手段を、左側に会社の資産を書きだします。『会社四季報』のこの欄では、そういう表ではなく、貸借対照表を作成するときに必要な数字だけが書かれています。それが【財務】の欄に掲載されている「総資本」「自己資本」「自己資本比率」「資本金」「利益余剰金」「有利子負債」の6つです。

渡部　しかし財務の専門家でもない者がこの数字を見ただけで、貸借対照表を作成したり、その意味を理解したりすることは難しいので、私は「自己資本比率」にまずは注目してほしいと言っています。これはその企業の総資本のうちに、どれだけ自己資本を持っているのか、その割合を算出したもので、その数字が高ければ高いほど健全性が高いのです。

エミン　会社を運営するためにはお金が必要ですが、会社がもともと持っている資産だけで運営しているなら、どこかに借金しているわけではないので、それほど問題にはなりません。しかしほとんどの企業は、銀行などからお金を借りて事業を展開していますので、その借金がいくらあって、総資産の何割を占めているのか、それを見ることでその会社の健全性がある程度、わかってきます。

渡部　要はそのバランスですが、この「自己資本比率」というのは、会社の総資産のうち、会社が持っている自己資本が何％であるかを表したものですから、この自己資本率が高いほど、自己資本を活用して会社を運営しているということになります。

エミン　それだけ借金が少ないということですね。または借金があったとしても、自分の資産から十分に返済は可能だということ。そういう企業は財務上、とても健全です。

渡部　金融を除く上場会社の自己資本比率の平均が50%強なので、一つの目安として言うなら、70%以上なら、その企業の健全性は非常に高いと言えます。だいたい50%以上なら普通。それに対して30%以下となれば、その企業は借金体質で、健全性が低く、注意する必要があります。

エミン　企業の健全性は、【キャッシュフロー】欄の数字からも見ることができます。キャッシュフローとは、ひと言でいうと現金の動きに注目した「お金のやりくり」のことです。

渡部　この欄には「営業」「投資」「財務」の3つのキャッシュフローが記載されています。「営業」キャッシュフローとは、本業の収入と支出に注目したお金の流れのことで、ここの数値がプラスであれば、本業の現金収入がそれだけあったということになります。

エミン　次の「投資」キャッシュフローは、投資と回収に注目したお金の流れです。企業は本業そのものだけでなく、事業を拡大する過程で不動産や設備などに投資する必要もあり、その際の買ったり売ったりしたときに出る収支を「投資キャッシュフロー」として計上しています。しかし、企業は常に設備投資をして成長していくので、投資をしてお金を出すことで、この数字がマイナスになってもすぐに駄目だというわけではありません。マイナスでも設備投資による売上増加や経費削減で、本業で収支がプラスになっていればいいのです。

渡部　次の「財務」キャッシュフローも同じことが言えます。財務キャッシュフローとは資金の調達と返済に注目した資金の流れのことで、例えば銀行からお金を借りれば、それだけプラスになり、借りたお金を返済すればマイナスになります。しかし借りたお金は返すのが基本なので、ここはマイナスのほうが良いのですが、何かに投資するために資金調達をしてプラスになる場合は問題ありません。

エミン　新たに資金調達を行えないことのほうが会社としては厳しいですね。

渡部「営業キャッシュフロー」と「投資キャッシュフロー」を単純に足したものを「フリーキャッシュフロー」と呼んでいて、私は「営業キャッシュフロー」とこの「フリーキャッシュフロー」がともにプラスの場合は、その会社の健全性は高いと評価しています。逆に、「営業キャッシュフロー」がマイナスの場合は、健全性が低いと判断しています。

エミン　キャッシュフローがなぜ重要かというと、お金というのは企業にとっての血液循環のようなもので、そのお金の流れが止まった瞬間に倒産してしまうからです。仮に業績が黒字でも、「営業キャッシュフロー」がマイナスなら、本業の段階ですでにお金が回っていないことを意味しますので、銀行からの融資がストップした瞬間、お金の流れが止まってしまい、その会社は終わってしまうのです。

渡部　いわゆる黒字倒産ですね。一見して黒字で儲かっているように見えても、実はお金が回っていなかったということです。営業キャッシュフローが赤字ということは、血液が循環せず出血多量になっているようなものです。

エミン　ですから、キャッシュフローを見ることが大事なのです。

渡部　そういった意味では、キャッシュフローは企業にとっての生命維持装置だとも言えます。お金の流れが止まったら倒産するわけですから。キャッシュフローは企業の健全性を示す数字でもあり、企業の継続性がわかる指標でもあるということです。

成長率は「売上高」と「営業利益」の推移から算出

エミン　「J」ブロックに書かれているのは、いわゆる損益計算書です。

渡部　損益計算書というのは簡単に言えば、一年間の成績ということ。私たちでいう年収みたいなもので、去年はこれぐらいもらったんだけれど、今年はこれぐらいで、来年はどのぐらいになるか、そういうことが書いてあります。

エミン 具体的に言えば、一定期間における収益と費用の状態を表しています。

渡部 この欄には、横に左から「売上高」「営業利益」「経常利益」「純利益」と並んでいます。そして、「売上高」とは文字どおり、その企業が提供する製品やサービスによる売上の数字のこと。「営業利益」は「売上高」から原材料費や広告費、人件費などの費用を引いたもの——つまり、企業が本業で稼いだ利益です。私は基本的に、この二つの数字だけを見ます。

エミン 「経常利益」というのは、「営業利益」に財務活動などによる収益と費用を反映させた利益です。商社のように投資先をたくさん持っている会社は、投資した会社から配当が入ってきますので、その分が加わるために経常利益のほうが上回るようなことが出てきます。逆に本業で営業利益を大きく出していても、借入金の返済や利息の支払いの負担が大きい場合は、経常利益は小さくなります。

渡部 それは本業の利益とは関係ありません。ですからその会社の本業の力を知るためには「売上高」と「営業利益」の二つだけで十分だと私は考えています。

エミン 投資初心者にとっては、そのほうがわかりやすいですね。

渡部　さらにこの「J」ブロックの欄には、これら「売上高」「営業利益」などについての実績と予想額が掲載されています。見るのは前期と今期予想、そして来期予想だけの3期分だけでいいと思います。そのとき、売上高の数字が前期から今期予想、そして来期予想へと増えていっているようなら、売上げが伸びていくだろうということですから、その企業には成長性があると判断します。

エミン　伸び率が大きければ大きいほど、成長性が高いということですね。

渡部　伸び率を具体的に数字に表したいときは、例えば、今期の売上げの伸び率なら「(今期の売上高－前期の売上高)÷前期の売上高×100」という計算式で出せます。しかし、初めて『会社四季報』を読む人はここまでする必要はありません。単に売上高の数値を見て、上がっているか、下がっているかを確認するだけでもいいと思います。

エミン　「営業利益」についても同じですよね。この数字が前期より今期、今期より来期の予想が上がっているなら、それだけその企業は利益を伸ばす力を持っているということになります。

渡部　それを利益成長と言います。営業利益を売上高で割って100%表示した営業利益率は優良性と言えます。営業利益率とは、売上高からいかに利益を残せるかという、利益を残す力を表しているので、利益を残す力があるということは、それだけその会社は稼ぐ力が強く優良だということになります。『会社四季報』の巻頭ページの中にある「【業種別】業績展望」という記事について解説したとき、ここに載っている業界全体の「前号と比較した増減率」とその業界に属している企業の増減率を比べることで、その企業の業務成績がいいのか悪いのかの判断材料にすることができると述べました。企業の増減率はこの「J」ブロックに掲載されている「売上高」や「営業利益」の推移から算出します。営業利益の伸び率の計算方法は、売上高の伸び率の計算式と同じで、「(今期の営業利益－前期の営業利益)÷前期の営業利益×100」で割り出せます。

エミン　業界全体とその企業のそれぞれの伸び率を計算して、企業の伸び率のほうが業界全体の伸び率を超えているようなら、その企業の株は有望ということです。

渡部　もちろん初めて『会社四季報』を読む人はここまで分析する必要はありませんが、こういう計算方法があり、比較ができるということを前もって覚えておいても損はありません。

「PER」や「PBR」で株価の動きを予想はできない

エミン　「N」ブロックには41カ月分の月足チャートが載っています。3年強の株価の大きな動きをこれで見ることができます。

渡部　株価チャートは「ローソク足」「移動平均線」「出来高棒グラフ」の3つのパーツで構成されています。その見方や読み方に関しては、これまでたくさんの解説本が発行されているので、詳しいことを知りたい人は、そういう本を読んだほうがてっとり早い。私は『会社四季報』でこの株式チャートを見るのは、大まかな方向性を知るためだけでいいと思っています。

エミン　株価チャートを眺めて、描かれている線が上昇傾向にあるのか下降傾向にあるのか、単純にそれを見るだけでも、トレンドがわかります。実際に株を売買する時には、四季報掲載時と異なる株価の動きをしていることも多いので、この株価チャートはあくまでも参考材料として考えます。

渡部　ただ、株式チャートをよく見てみると、ローソクのような長方形のもので構成されていることがわかると思います。これは「ローソク足」といいます。長方形の胴体の長さもそれぞれで、白いものと黒いものに分かれています。さらにこの胴体部分の上下に線が伸びてもいます。この上の線はその月の高値を示し、下の線は安値を表していて、胴体の長さは、その月の初めの日の株価の始値《はじめね》とその月の末日の株価の終値《おわりね》を表しています。ローソク足が白いのは、その月の始値より終値のほうが株価が高かったときで、黒いのはその月の始値より終値のほうが低かったことを意味しています。つまり、このローソク足の色が白いものが多ければ、株価が上昇しているということであり、黒塗りが多ければ株価が下落しているということになります。ローソク足の白と黒の多さから株価の方向性を読むことが株式チャートを見るときのポイントです。

エミン　株価が高い状態を維持していても、直近のローソク足が黒抜きばかりになっているときなどは、株価が下落傾向に入っていると判断することができます。

渡部　その逆でローソク足が黒ばかりだったのに、直近は白が増えている。そんなときは今後株価反転、上昇する可能性が高いと読むわけです。

エミン　この「N」ブロックには株式チャートに加えて、右側に「株価指標」が掲載されています。

渡部　この「株式指標」の欄には、「予想ＰＥＲ」「実質ＰＥＲ」「高値平均」「安値平均」「ＰＢＲ」などの数値が載っており、これらの指標から企業の利益とか資産に対する株式市場での企業価値の評価を見ることができます。しかし株式投資の初心者はあまりここの数値は気にしなくてもいいと考えています。

エミン　とはいえ、参考のために説明すると、「ＰＥＲ」というのは株価収益率のことで、この数値が高いとその会社の現在の株価は割高だと考えられ、数値が低いと割安だというふうに説明されます。割安だから買い時で、割高なら売り時だ、というようなこともよく言われます。

渡部　それはその通りなんですが、だからといってＰＥＲの数値が株を売買するときの目安になるかといえば、私はまったく当てにならないと思っています。というのも、ＰＥＲとは、株価を1株当たりの利益で割って算出される数値で、私たちが知りたいのはあくまでも株価が今後、上がるのか下がるのかということであって、株価収益率であるＰＥＲの数値がどうであろうと、実は株価の上下にはあまり関係がありません。実際問題として、ＰＥＲが高くても株価が上がるときには上がりますし、ＰＥＲが低くてその会社の株価が割安だとしても、株価が下がるときは下がっていきます。

エミン PERは、その株が今まさに上昇しているときに数値が高くなる性質のものです。ですから、PERの数値だけを見て、その株が割高だと判断して売ってしまったら、せっかくの上昇チャンスを逃してしまうということになります。それに、PERはあくまでもその時点での株価の割安・割高感を指標として表しているもので、今後の株価の変動を占う材料にはなりません。

渡部 投資ということを考えた場合、PERが高いとか低いとか、株価が割高とか割安だとかいうよりももっと大事なことは、私たちが「カタリスト」と呼んでいるものなのです。日本語で直訳すると「触媒《しょくばい》」。簡単に言えば、相場や株価の変動を誘発する材料やきっかけのこと。このカタリストについては、あとでじっくり語るとして、ここでは「PER」を信用できない理由として、そこにカタリストが考慮されていないからだという説明にとどめておきます。

「株式指標」の欄に記載されている「PBR」にしても、これは株式を1株当たりの純資産で割ることで算出される数値で、この値が高ければその会社の株は割高で、低いと割安だという指標になりますが、PERと同じ理由で、今後の株価の動向を探る材料としては根拠があまりありません。せいぜい、現時点での株価が割高か割安かということでしかありません。

「A」ブロックから興味を膨らませていく

エミン　『会社四季報』の記事の読み方として、「安倍ジャパン」。つまり「ABE・JAPAN」の「A」「B」「E」「J」「N」ブロックを読むだけでもいいということが渡部さんの説明にありましたが、初心者としてはまず「A」ブロックの社名だけを見てもいい。

渡部　こういう会社があるんだ、というところから始めるのはお勧めです。社名だけを見ながらパラパラとページをめくっていくだけでも新しい発見と驚きがあります。

エミン　「富士フイルム」や「キユーピー」は誰でも知っている会社ですが、富士フイルムの「イ」とキユーピーの「ユ」は、小文字の「ィ」や「ュ」ではなく、大文字なのが正式な会社名だったことも『会社四季報』を見て私は初めて知りました。

渡部　珍しい社名では、数多くの世界的な著名人が宿泊したことでも有名な横浜の名門ホテルの正式社名は「ホテル、ニューグランド」。社名に句読点の「、」が入っています。

エミン　企業の名称からこの会社はどんなことをしているのだろうという興味も湧いてくることもあります。そのときは【特色】欄を見ればそこに書いてあります。逆に【特色】を読んで、「へ〜、この会社はこんな物をつくってるんだ。こんなことをしているんだ」という発見をして、その社名を覚えるきっかけになることもあります。

渡部　私が特に面白いと感じた会社は「住江織物」。【特色】の欄には「国会の赤じゅうたんを納入する名門繊維企業」と書いてあります。よく国家議員になることを「赤じゅうたんを踏む」などと言います。国会に敷かれている赤じゅうたんを納入していたのがこの会社だったことを、『会社四季報』を読んで初めて知りました。もちろん、そこに赤じゅうたんがあるのだから誰かがつくり、誰かが納入するのは当たり前の話なんですが、私としてはちょっとした驚きでした。

エミン　そんな新鮮な発見と驚きからその会社に興味を持てば、「B」ブロックに書かれている見出しとそれに続く業績予想のコメントにも興味が湧きます。さらに「E」ブロックの財務やキャッシュフロー、「J」ブロックの売上高や営業利益の業績、そして「N」ブロックの株価チャートに目を通せば、だいたいその会社の実態を把握できます。

渡部　あとは慣れの問題です。「ABE・JAPAN」の「A」「B」「E」「J」「N」ブロックに目を通すことを続けていくうちにだんだんと慣れてくる。そうなれば最初は大変だと思っていた作業も普通になってきます。

「カタリスト」をいかに早く見つけ出すか

エミン　何度も言うようですが、『会社四季報』を最初から最後まで読みながら、ちょっとでも気になったり、面白いなと思ったりした個所があったら、そこに付箋を付けておくことが非常に大切です。

渡部　それは「気づき」ということです。実際に株を購入するときは、いろんなスタイルがあっていい。その人なりのスタイルが非常に大事だと思います。株主優待だけを楽しみにしている投資家もいますし、銀行にお金を預けていても利子が少ないので株を買ってその配当を楽しみにしている人もいます。この会社が単純に好きだから株を買っているので、株価が上がろうが下がろうが関係ないという人もいます。要は、その人がどんな考えを持っているか。だからこそ、その考えを生み出す、その人にとっての「気づき」が大事なのです。当然、人によって「気づき」も違ってきます。

エミン　とはいえ、大部分の投資家は、株価が上昇する銘柄はないか、それを探しています。そのためには全体としての市場の変化やその会社の業績の変化などを読み解くことが必要で、それを知るヒントとなるのが『会社四季報』なのです。そもそも株価はなぜ上がったり下がったりするのかというと、それはさき程渡部さんが少し触れましたが、株価が変動する材料やきっかけがあるかないかが重要なのです。つまり、それが証券用語でいうところの「カタリスト」なのです。

渡部　この「カタリスト」を私たちはつい見逃してしまいます。というのも、日本人は1990年代半ばより現在までデフレが続いているせいで、安いものを探すのは得意になっていて、「喫茶店のコーヒーがあっちの店では一杯500円だけど、こっちの店では300円だ」というようなことには非常に敏感に反応します。しかし株式投資で必要なのは、割安だとか割高だということではなく、今後、上昇するのかしないのか、極論を言えば、それだけなんです。

エミン　コーヒーのたとえでいえば、「この店のコーヒーは一杯300円だけど、来月から500円に上がるらしいぞ」と、そういうことです。そして、そのときに大事なのが「カタリスト」なのです。

渡部　そもそも株価はどうやって決まるのか。いろいろな考えがあります。例えば、さき程「N」ブロックの欄を説明するときに出てきた「PER」という株価収益率。これを算出するときは、株価を1株当たりの利益で割る。つまり、こういう数式になります。

PER＝株価÷1株当たりの利益

渡部　この数式を、株価を主語にしたらどうなるか。こういう数式になります。

株価＝PER×1株当たりの利益

渡部　とすると、左辺の株価が上がるには、右辺の「PER」か「1株当たりの利益」が上がれば良いということになる。つまりPERが切り上がること、もしくは利益が上がることがカタリストにあたる。PERは期待値でもあるので、期待値が上がることもカタリストになるということです。

エミン つまり、期待値と利益が同時に増えていくようなら、間違いなく株価は上がっていくということです。または、業績がそれほどでなくても、それを上回る期待値があれば、株価は上昇しますし、期待値はそれほどでなくても、業績が上がれば株価も上昇するという理屈になります。

渡部 企業の業績はこれまで見たとおり『会社四季報』で調べることができます。今期や来期の業績予想も「J」ブロックを見れば数値が出ています。問題はカタリストです。

エミン カタリストの一つである期待値は、世の中の変化といってもいいし、こうなるだろうというテーマでもあります。例えば今回のコロナ禍で、大阪府の吉村洋文知事が２０２０年８月４日、うがい薬の成分である「ポビドンヨード」が新型コロナウイルス感染症の治療に期待ができるとテレビで発表したとたん、うがい薬を販売している会社やその関連会社の株価が急騰し、一時ストップ高になったところもありました。これは「ポビドンヨード」が新型コロナの治療薬となれば、それに関連する会社の業績が一気に上昇するだろうという期待値が上昇したために、株価がすぐに反応した結果だったと言えます。

渡部 ところが「ポビドンヨード」が新型コロナの治療薬になるだろうという期待に対し

て、医療関係者や政府要人が疑問の声を上げたとたん、期待値が消えてしまい、株価も通常の値に戻ってしまいました。なんとも極端な反応でしたが、まさに期待値というカタリストが株価を押し上げた最たる例だと言えます。

エミン　ここまで極端なことは例外としても、実際に株価が動くときには、カタリストが働いています。それはテーマと言ってもいいかもしれません。つまり、「ポビドンヨード」が新型コロナの治療薬になるかもしれないという期待値で関連会社の株が急騰したのは、そこに「新型コロナウイルス」というテーマがあったからです。今は経済も政治も私たちの生活も、まさに新型コロナウイルスに振り回されているので、新型コロナウイルスが終息しない限り、今後も「新型コロナウイルス」に株価が左右されるのは避けられません。

ただ、「新型コロナウイルス」というようなテーマは誰にでもすぐにわかることですが、投資の世界では、人よりも先に新しいテーマに気づき、それを見つけたほうが有利となります。要するに、株価がまだ低いうちに買うことができるということです。

渡部　何か新しい動きが出てきたときというのは、なかなかわかるものではありません。黎明期はちょっとした動きでしかありませんが、その動きが3カ月後も続いていくとトレンドになっていきます。

エミン その動きを知るための一つの方法がまさに『会社四季報』を読むことなのです。巻頭に掲載されている「市場別集計」や「【業種別】業績展望」で市場や業種別の何かしらの変化を読み取ったり、各上場企業の業績予想やその見出しの文字に何かしらのヒントを感じ取ったりすることでカタリストを探っていく。

渡部 株価のチャートにも変化が現れます。ある企業に何らかの期待が集まると、業績が上向いているわけでもないのに株価が上がっていく。それは今は業績が追いついていないだけでこれからすごいことになるんじゃないかという予想ができるからです。このように業績ではなく期待値などのカタリストによって株価が上昇する相場を「理想相場」と言います。しかし大きな流れにならないと見るや、期待値が下がることで株価は下がっていく。逆に実際に業績が上向きになっていくと、利益の拡大というカタリストが働き、株価が一気に上昇していく。これを「現実相場」と言います。通常は理想相場のあとに現実相場がやってくることが多いのですが、大相場は期待値の上昇による理想相場のほうが多いのです。

エミン このような株価の動きを株価チャートからいち早く見つけ出して、カタリストや業績予想から今後の株価を予想することが投資家にとっては重要なのです。

日本株を押し上げる「カタリスト」

渡部　今回のコロナ禍は日本企業への追い風となり、日本株を押し上げていく。そのキーワードの一つが「ジャポニスム」です。このジャポニスムこそ、日本に対する世界からの期待値であり、日本株を押し上げるカタリストだと私は思っています。

エミン　現在はコロナ禍の影響もあって、日本の会社全体の業績が上がっているとは言えませんが、やはり日本製がいいという期待値が高まれば、株価は上がっていくはずです。

渡部　１９８９年12月に日経平均が最高値を記録しましたが、そこにまで至る日本株の上昇は、「ジャパン・アズ・ナンバーワン」というカタリストがあったからでした。日本製は世界一だという期待値。実際に日本製は世界中の市場を席捲《せっけん》していき、日本企業の業績も上昇し、株価がどんどん上がっていきました。

エミン　しかし１９９０年以降は、それまで良いとされていた経済成長期の日本型経営も構造改革の名のもとに否定され、日本株を押し上げるカタリストがなくなってしまいました。

渡部 日本に代わって台頭してきたのが中国であり、それに伴って日本株が約23年間の低迷期に入っていったことは第一章で話した通りです。しかし、ちょっと気持ちが変わるだけで、世の中は劇的に変化していきます。最初はほんの小さな変化かもしれませんが、続いていくと大きな流れになっていきます。

エミン まさに今がそう。今回のコロナ禍で日本の文化や生活様式などが世界中で見直されていき、ジャポニスムのブームがいっそう大きくなれば、それがカタリストとなって世界中の投資家に注目され、日本企業の株が押し上げられていく。米中新冷戦の激化も日本には追い風になります。現に中国企業が欧米で排除されるような動きが激しくなっているなか、日本の製品が中国製に取って代わろうとしています。

渡部 イギリス政府が中国企業のファーフェイを排除する代わりに日本企業のＮＥＣや富士通に協力を求めたと言われていますが、それが最たる例ですね。

エミン 香港の問題にしても、中国政府の締め付けが強化されたせいで、それまで機能していたアジアでの金融センターの役割が香港からなくなりそうになっている。

渡部 金融資本が香港から撤退して日本に来るかもしれない。

エミン　香港に代わって日本がアジアの金融センターになるだろうと言うと、そんなことは無理だという人がいる。しかし、本当に無理なのか。日本はなかなか自分では動きませんが、外圧がかかると、とたんに動きが早くなります。外国の金融資本が香港から日本に移ると言えば、日本はすぐに対応できると思います。

渡部　そうなればますます日本への期待値が高まり、それがカタリストとなって、金融関係だけでなく、ほかの日本企業の株価にも波及していきます。

いかに自分で納得することができるか

エミン　カタリストというのは、これまで説明してきたとおり、相場や株価の変動を誘発する材料やきっかけですが、逆に言えば、自分が株を買うときに、こういうカタリストがあるのでこの株を買うということをちゃんと説明できるかということも大事です。

渡部　「人に勧められたから」とか「専門家が言っていたから」とかいう漠然とした理由で株を買う人がいますが、それは間違ってもしないほうがいい。

エミン　私たちは株の専門家ですが、専門家の言うことはあまり聞いてはいけない。

渡部　そう。私たちの意見を鵜呑《うの》みにしてはいけない（笑）。

エミン　要は自分の頭で考えろということです。人の意見はあくまでも参考であり、最終的に判断するのは自分。そのとき、どうしてこの会社の株は上がると思うのか、何の魅力があるのか、その理由を説明できなければ、その株は買わないほうがいい。

渡部　誰かさんがこう言ってたからというのではなくて、現在はこういう業績で、こういうカタリストがあるので、今後はこの会社の業績が伸びるだろう、そういうことをちゃんと説明できるかということです。

エミン　カタリストは、私たちが普通に生活しているうえでも気づくことがあります。例えば、「最近、知り合いの中でこういうものが流行している」とか、「近所に流行っている店ができた」とか、「生活していくうえで不便と感じることを解消してくれた優れた製品を見つけた」でもいい。これから世間で流行ることとは、まず自分の身近なところから起こるものです。「自分がお世話になっている会社の製品やサービスが素晴らしい」とか、「新聞や雑誌、インターネットで興味ある記事を見つけた」でもいい。最初は小さな「気づき」でも、興味を持って調べていけば、次第にそれがカタリストになっていくことが多い。

渡部　『会社四季報』を読めばわかりますが、私たちの身の回りの製品やサービスのほとんどは上場企業が提供しています。だからこそ、私たちの身の回りからカタリストを感じることができたなら、その製品やサービスを提供している会社や、それに関連する会社を『会社四季報』でチェックしてみることです。

エミン　そのとき、調べたい会社だけでなく、その前後10ページをパラパラとめくって、そこに掲載されている企業も念のために見ていくことをお勧めします。『会社四季報』は基本的に業種別に掲載されていますから、同じ業種の別の企業が、自分が気になっている会社と同じ傾向の製品やサービスを扱っていることも多い。それらを見ていくと、自分が気になっていた会社よりももっと光って見える銘柄があるかもしれません。

渡部　実際に『会社四季報』でチェックしてみたら、それほど良い会社ではなかったということも、もちろんあります。すでに株価が上がっていたり、下降傾向のままだったり、来期予想のコメントがネガティブに書いてあったり。

エミン　それはそれで新しい発見です。自分が思っているほど期待されていないということかもしれません。まだ世間が自分が感じているほどの期待を持っていないということなのかもしれません。しかしながら、しばらくしてその会社の株が上がったり、業績が上昇に転じたりすると、自分が感じたカタリストは正しかったことになります。

渡部　実際にその株を買ってても買わなくても、調べた結果が次に活きることが多い。

エミン　その会社が提供している製品やサービスに自分自身が満足していて、これからもっと売れるだろうというカタリストを感じ、『会社四季報』で業績を調べてみると「まだまだ来期も売上げが伸びそう」だし、「株価も手頃な値段だ」と思ったら、その会社の株を買う。それが基本です。もちろん、買いたいが、手元に資金がないというような場合は仕方ありませんが、株式投資をそんなに難しく考えてはいけません。

渡部　難しく考えすぎて買い時を見誤ったりすることはよくあります。

エミン　あまりにも簡単に考えている人もダメです。株式投資で失敗する人は、その会社の製品やサービスもほとんど知ろうともせず、カタリストも考えないばかりか、『会社四季報』などで業績や株価の動きも調べもしないで、ただ人に勧められたからだという理由だけで株を買います。そういう人が本当に多い。株はけっして安くない買い物なのに、どうしてもっと慎重にならないんだろうと私はいつも首を傾げてしまいます。

渡部　テレビを買うときは慎重なのにね（笑）。

エミン　テレビを買うときは、どんな大きさがいいのか、どんな薄さがいいのか、値段はどうなのか、店員さんにいろいろ聞いて、電器屋さんを梯子《はしご》して、値段を比較して買います。株もテレビを買うぐらいの努力をしてほしい。自分でよく考え、納得して買った株なら、たとえその後に株価が思ったほど上がらなくても勉強になります。失敗は誰でもありますが、失敗したら、そこから反省点を見つけて、改善するようにする。そういう反省ができなければ次につながりませんし、失敗をプラスに変えていかなければ成長がありません。

渡部　失敗は良い投資家になれるチャンスでもある。

エミン　もしも、儲かる儲からないだけで株に投資するのなら、宝くじを買ったほうがいい。儲かるかどうかは、結局、結果論に過ぎないんですから。しかし良い投資家になるというのは、その会社に投資をして応援するということです。自分が投資した会社が成長していくのはうれしいことですし、その結果として配当金をもらったり、株価が上昇していったりしたら、なおうれしい。

渡部　それは、その会社を好きになったということです。

エミン　もちろん、裏切られることもあります。しかし、自分で納得して株を購入していれば、たとえこちらが思っているように株価が上がらなくても、ある程度は許すこともできます。さらに、「なぜ自分がその会社の株が上がると思ったのか」、カタリストを含めて、その理由を明確にしておけば、株価が上がらない理由も見つけ出しやすい。たとえ理由を見つけ出すことができなくても、理由を探そうとした、その経験は、必ず次に投資をするときに役に立つと思います。

毎年6月に発行される夏号の重要性

渡部　常日ごろ私は思っているんですが、株式投資の世界において、いい企業を見つけるというのは、買い物上手の主婦と同じなんです。買い物上手の主婦というのは、毎日スーパーに行って食料品をパーッと見る。目で追っているだけで、たぶん何千点という数の多さになるでしょう。しかもそれには一個一個にすべて値段が付いている。そんななかから、この豆腐はあっちのスーパーより安いとか、この野菜は先週より安くなったとか、いろいろな判断をして買い物籠《かご》に入れていく。これは投資家が上場している数多くの会社を見比べ、それらの株価の動きもチェックして、さらにいろいろな判断材料を加味して株を売買していくのと同じ。良い投資家と賢い主婦は同じ作業をしているのです。ですから、たまにお父さんが奥さんに付き合ってスーパーに行くと、とんちんかんな買い物をして奥さんに怒られることがありますが、そういうお父さんは悪い投資家の見本なのです。

エミン　確かに株式投資は女性がやったほうがうまくいくかもしれません。男性よりも女性のほうが買い物上手ですから。

渡部　そういった意味でも、賢い主婦が毎日スーパーに行くように、『会社四季報』は毎号、読み続けたほうがいい。

エミン　毎日スーパーに行くことで野菜の値段の変化がわかるように、年に4回、3カ月ごとに発行される『会社四季報』を読むことで、各企業の株や業績の変化を感じることができるようになります。これは株式投資ではとても大事なことです。

渡部　特に毎年6月に発行される夏号は重要です。というのも日本の会社は3月期決算が全体の70%で、2月決算期が10%。つまり2月、3月期決算を合わせると80%になり、日本のほとんどの会社の決算がここに集中しています。そして、その決算の数字が6月に発行される『会社四季報』夏号に反映されるので、業績予想の数字が大きく入れ替わるのです。

エミン　東京証券取引所には「決算期末から45日以内に決算を発表しなければならない」

というルールがありますから、３月決算の企業は５月上旬から中旬にかけて決算を発表しなければなりません。ですからそれを受けて、６月に発行される『会社四季報』夏号にその数字が反映されるのです。

渡部　決算とは一年間の業績を集計して、売上がどのくらいあり、経費がこのくらいかかったかというような収支と支出を算出することで、これはその会社の業績を見るうえで、非常に重要な数字となります。

エミン　もちろん、前にも説明したとおり、四半期決算といって、上場企業は３カ月に一度、決算を公表しなければいけないことになっていますが、一年間を通しての決算のほうがその会社の業績を見るときには、より重要な判断材料となります。四半期決算のどこかで赤字になっていても、一年間を通しての決算で黒字になっていれば、その会社の業績は上向きになっていると判断できます。

渡部　決算月が３月ということは、４月１日から３月31日までの期間がその会社の事業年度で、その事業年度の期間が「今期」です。「今期予想」とか「来期予想」という言葉がありますが、決算月が３月の会社の場合は、４月１日から３月31日が今期です。

エミン　ということは『会社四季報』夏号に掲載されているほとんどの会社の業績とその

予想の記事で、それまで「今期」と表示されていたものが「前期」となり、それまで「来期」と表示されていたものが「今期」の数字に入れ替えられるということですね。

渡部　そして、その先の「来期」も四季報独自の新しい数字になっていく。

エミン　それは大きな変化です。決算が終了してそれまでの一年間の業績が明らかになったことで、今後一年間の「今期予想」の評価が一変する場合も考えられます。決算の数字を見てみたらこちらが予想していたよりもはるかに良かった、または、はるかに悪かったとしたら「今期予想」も変わってくるのは当然ですから。

渡部　実際に毎年、『会社四季報』の夏号では、良くも悪くも「今期予想」の内容が大きく変わる銘柄が続出しています。

エミン　新しい銘柄に入れ代わったぐらいのインパクトがあります。

渡部　ですから『会社四季報』の夏号は特に大事なんです。別の言い方をするなら、『会社四季報』の夏号を読んでおけば、その会社の業績の変化をいち早く入手できるとも言えます。上場企業は決算と同時に新しい今期予想も発表しますが、実際に数字に現れるのはずっとその先です。企業の今期予想を受けて『会社四季報』も独自の今期予想とコメントを掲載しますが、そういう新しい業績予想が一般に知れ渡るのは、だいたい一カ月後だと言われています。だとしたら、『会社四季報』の夏号をいち早く読んでいれば、読んでいない人が気づく前に情報を先取りできるということになります。

エミン それは株式投資にとって、とても大きなメリットです。ほかの人が気づく前に、いち早く魅力的な株を見つけることができる可能性があるということですから。

渡部 決算月を過ぎると、向こう一年間の事業計画を発表する企業も多い。3月が決算月の会社は、「4月以降はこういう方針でいきますよ」という事業計画を発表します。それも『会社四季報』のコメント欄に反映されていきます。私が特に面白いなと思うのは、地方銀行のコメント。事業計画というのは、お金の裏付けがあって初めて成立し、そのお金は銀行が融資することが多い。ですから銀行がどういう方向を向いているのかを見ることで、その銀行と取引のある企業の方向性も見えてきます。特に地方銀行は、その地方の企業と密着しているので、思いがけない発見をしたりします。

エミン 地方には地方のトレンドがありますからね。

渡部 たしか鹿児島銀行だったと思いましたが、銀行は普通、不動産を担保にしてお金を融資しますが、豚を担保にするというようなコメントが載っていたことがありました。まさに動産担保。豚は鹿児島の名産品で、それほどの価値があるということがわかりました。

エミン　私も地銀のコメントを読んでいて面白いなと思ったことがあります。例えば東北銀行という銀行は岩手県の盛岡が地盤です。そのコメント欄に「地元のオリーブ栽培業者へ日本政策金融公社と協調融資を実施」と書いてありました。それを読んで驚きました。「え？　盛岡でオリーブを栽培しているの？」。盛岡は北国ですし、あんな寒いところでオリーブを栽培しているなんて夢にも思いませんでした。

渡部　東京に住んでいたらわからないことを、地方銀行のコメント欄からいろいろと知ることができます。

エミン　日本全国でさまざまなことが行われている。または行われようとしている。それに気づくことも株式投資では大切です。

渡部　実際に地方銀行の株を買うか買わないかは別として、そのコメント欄からその地方のトレンドがわかれば、その地方を基盤にしている上場企業の今後の展望もある程度、見通すこともできます。

エミン　そういう驚きも『会社四季報』の夏号には詰まっているということです。

「テンバガー」銘柄はこの方法で探そう

渡部　『会社四季報』を毎号、長年読み続けていると、過去のあのときに似ているなと感じることがあります。「この株価の動きは過去のあの会社の株価の動きと似ているぞ」とか、「今と同じカタリストが過去にもあったよな」とか。そんなときは過去の『会社四季報』を調べて、どこに共通点があるのかを再確認することで、今後の株価の予想を立てることができます。

エミン　それは過去から未来を予測するということです。条件が同じなら同じような株価の動きをする可能性も高いということですから。

渡部　それこそが「継続性」を特徴とする『会社四季報』の強みです。いわゆる「テンバガー」と呼ばれる株を見つけるときにも、この『会社四季報』の強みが大いに活用できます。

エミン　テンバガーとは、もともとウォール街の業界用語で、伝説のファンド・マネージャーだったピーター・リンチが『ピーター・リンチの株で勝つ』（ダイヤモンド社）という自著の中で使用したことで世界中の投資家の間に広まった言葉です。簡単に言えば、株価が10倍に上がる銘柄のことです。

渡部　現実問題として株価が10倍以上に上がった銘柄はこれまでたくさんありました。そんな銘柄を『会社四季報』で調べていくと、ある共通点があることがわかってきました。その共通点はまず「上場時期が5年以内」だということ。つまり若い企業だということです。

エミン　若い企業だからこそ、将来大化けする可能性を秘めているということですね。企業の上場年月は『会社四季報』の企業記事の中の「A」ブロックに掲載されているので、そこをチェックすればすぐに確認できます。

渡部　次に2つ目の共通点は「オーナー社長のオーナー企業」だということ。これを確認するためには『会社四季報』の「D」ブロックにある【役員】欄と【株主】欄をチェックして、【役員】欄にある社長もしくは会長の名前が【株主】欄の筆頭株主など上位に明記されていればオーナー企業です。

エミン　オーナー企業というのは批判もありますが、社長や会長の決断ですぐに事業が展開できるという利点もあり、同業他社よりもいち早くその市場を制することができる可能性も高くなります。そうなれば当然、株価も上昇していきます。

渡部　３つ目の共通点は「時価総額が３００億円未満」だということ。これも時価総額が小さい企業だからこそ今後大化けする可能性があるということです。

エミン　時価総額は『会社四季報』の「Ｅ」ブロックに掲載されています。

渡部　４つ目の共通点は「増収率が高い」こと。売上高の伸び率こそが成長性であり、増収率が高いということは急成長を遂げているということです。『会社四季報』の「Ｊ」ブロックの【業績】欄の中の「売上高」の数字の推移を見ればわかりますが、だいたい売上高が４年で２倍以上になっていれば申し分ありません。

エミン　それは年率でいうと、20％の増収率ということになります。それほどの増収率があれば、今後もさらにそれを越える増収率が期待できます。

渡部　最後の共通点は「株価のチャートが大きく下がって、底打ちになっている」こと。株価のチャートは『会社四季報』の「Ｎ」ブロックに載っているので、そこに描かれているチャートをパッと見ただけでも、株価の全体的な動きは把握できます。

エミン　この「Ｎ」ブロックに載っている株式チャートは、３年強の期間を月単位の変動で表したもの。３年強という長い期間で見るからこそ、株価のトレンドがはっきりと見えるのです。今は「Ｙａｈｏｏ！ファイナンス」などインターネットの株サイトを使えば、一日、一週間、一カ月というように短い期間での株価の動きを表示させることができます。しかし、トレンドを見るという意味では、3年ぐらいの期間がちょうどいい。大事なのは一日、二日の株価の動きではなくて、トレンドです。ですから『会社四季報』の株価のチャートを見て、「株価のチャートが大きく下がって、底打ちになっている」銘柄があれば、これから大きく上昇する可能性があるのです。

渡部　株価のトレンドが下降していて停滞したままの銘柄は、悪材料が出尽くしているからだとも言えますし、まだ世間一般がその会社の変化に注目していないだけとも考えられます。ちょっとした業績の変化などのカタリストが顕在化すれば、そこから一気に株価を上昇させる可能性あります。

「テンバガー」探しで自分も成長する

エミン　過去に株価が10倍以上に上がった会社の5つの共通点を渡部さんが紹介してくれました。この条件に見合った企業を探そうと思えば、それぞれの条件をスクリーニング機能を使って検索することができます。ただし、このスクリーニング機能は紙媒体では無理。インターネットの有料ウェブサイト『会社四季報オンライン』を使って検索するしかありません。

渡部　とはいえ、今挙げた5つの共通点を頭に入れて『会社四季報』のページをめくっていくだけでも、ずいぶんと記事の読み方が変わってきます。

エミン　『会社四季報』を読み続けていけば、自分独自の分析法が見つかるかもしれません。

渡部　それは『会社四季報』を長く読み続けていけばいくほど、自分なりの「気づき」が増えていくからです。その「気づき」を感じることができない人や、感じようとしない人は、いつまで経っても株式投資に成功することはできません。

エミン　『会社四季報』を長年読んでいれば、株価が10倍以上に上がっている銘柄がたくさんあることがわかります。読んでいない人に限って、株価がそんなに上がるはずがないと懐疑的な目を向けてくる。私は、今後日本の株は少なくとも15倍ぐらいまでは成長し、日経平均も30万円になるだろうと予想していますが、それに対して半信半疑の人も多い。しかも、そういう人はすぐに「『ソフトバンクグループ』の株が15倍になるの？　なるわけないじゃない」と言うんですが、私は何も「ソフトバンクグループ」がこれから15倍になるとは言ってはいません。私が言っているのは、「ソフトバンクグループ」のように株価が10何倍にも上がる日本企業がどんどん増えてくるということなんです。

渡部　「ソフトバンクグループ」は、20年前は修正株価で500円にも満たない株価でした。それが今や6000円から7000円。約14倍にもなっている。

エミン　ユニクロを展開している「ファーストリテイリング」も同じです。1998年6月の最安値（修正株価）で262円だった株が2年半で61倍にもなり1万円を超えました。さらに2019年7月には7万円を超えて、なんと21年で267倍も上昇しています。

渡部　「ソフトバンクグループ」も「ファーストリテイリング」も最初は小さな企業でした。

エミン　「ファーストリテイリング」は山口県宇部市の小さなメンズショップからスタートしました。

渡部　そういう会社はほかにも数多くあります。「ファナック」にしても「キーエンス」にしても「アルバック」にしても、30年前は小さな会社でしたが、それが現在では時価総額が何10倍にも大きくなって、今では日本を代表する大企業に成長しました。

エミン　私が言いたいのは、こういう将来成長する企業が現在上場している会社の中にたくさんあるということ。ですから日経平均が30万円になるというのは、すでに何兆円の時価総額を持つ大企業がさらに15倍に膨れあがるということではなくて、今はまだ小さくて目立たないが、10年もすれば15倍どころか何10倍にも大きくなる会社がたくさん出てくるということなんです。

渡部　「ソフトバンクグループ」や「ファーストリテイリング」のような会社がどんどん出てくれば日経平均を押し上げていく原動力になります。

エミン　私と渡部さんは中小企業の若い社長さんたちと、かなり付き合いがあります。今の若い社長さんたちはミレニアル世代で、バブル崩壊のトラウマもないので、とてもアグレッシブです。こういう若い人たちがこれからの新しい日本を背負っていくのだと思います。いつまでもデフレマインドのまま、時間が止まっているような考え方では、これからの企業はたぶん立ち行かなくなります。それこそ日経平均が30万円になるという私の予想を否定する人は、デフレマインドから抜け切れていないと思います。

渡部　世の中は変わっていくし、現に変わりつつある。今回のコロナ禍は、変わっていかなければこれからの世の中で生き残ることができないということを教えてくれているようにも思えます。だからこそ、10倍以上も上がる株はないと頭から決めつけるのではなく、10倍以上もあがる株は必ずあると思って、『会社四季報』などを利用して、勉強し続けることが大切なのです。過去に10倍以上に株価が上がった日本株はたくさんあったわけですし、これから株価が10倍以上に上がる銘柄を探すことは非常に楽しい。株式投資は苦痛であっては何の意味もないし、面白いものでなくてはいけません。

エミン　実際問題として、これまではキャッシュ・イズ・キングの時代でした。現金がすべて。デフレだったこともあり、現金をそばに置いておくだけで価値がありました。しかし、これからはキャッシュ・イズ・バッドの時代です。現金を置いているだけなら価値が下がるだけですから、何かに換えないといけない。それが株式投資であり、その際の参考になるのが『会社四季報』だということ。『会社四季報』は本当に宝の山です。

第四章

『日本経済新聞』は後ろから読んでいく

私たちの『日本経済新聞』の読み方

渡部　私たちが株式投資の際に参考としているのは『会社四季報』のほかに『日本経済新聞』（通称・日経新聞）です。私は日経新聞を読んで、これはと思う記事を切り抜きしていて、その作業を20年以上も続けています。

エミン　日本のビジネスパーソンは日経新聞を読んでいる人が多い。

渡部　日経新聞の購読者は、いわゆるホワイトカラーと呼ばれている管理職の人たちが多いと言われています。ちなみに、私たちが日本の株式市場の株価指標にしている「日経平均株価」は、日経新聞を発行している日本経済新聞社が東証一部上場銘柄の中から選んだ２２５銘柄の平均株価のことです。

エミン　「社会人になったら日経新聞ぐらい読んでおけよ」と上司から言われることも多いみたいです。しかし、ただ読み飛ばしているだけでは何にもなりません。特に株式投資の参考にしようと思ったらなおさらです。

渡部　そもそも私たちが日経新聞を読んでいるのは、そこに上場企業の個別情報がたくさん載っているからです。投資に役立つ情報が一番多く掲載されているのが、日経新聞です。

エミン　もちろん、ほかの新聞にも経済ニュースが載っていますので、読み方さえしっかり押さえておけば別にかまいません。しかし経済に関して一番情報量が多い新聞が日経なのです。

渡部　日経新聞の紙面構成は、その日のトップニュースが掲載されている「1面」から始まり、「総合」「政治」「経済」と続き、「国際」「アジアBiz」「企業」「企業・消費」「投資情報」「マーケット総合」「マーケット商品」「証券」「経済教室」「スポーツ」「社会」「文化」という順番になっています。私は毎朝、日経新聞を読みますが、その読み方は「1面」からではなく、最後の「文化」から「1面」に向かって読んでいます。つまり、後ろから1面に向かって読んでいくんです。それはなぜかというと、新聞社の論調に引きずられず、本質を捉えようとするためなんです。

エミン　私も渡部さんと同じように後ろから読んでいって、途中まで来たら、今度は1面から読むようにしています。それは渡部さんと同じ理由で、新聞社の論調に惑わされないようにするためです。新聞社というのは、どこでも同じですが、読者が「1面」から読んでいくものと想定して、自分たちが読ませたいと思っている順番に記事を構成しています。ですから一面から順番に読んでいくと、知らないうちに新聞社の論調に流されてしまいます。バイアス（かたより）がかかってしまいます。

渡部　私たちが新聞を読むのは、あくまでも情報を入手したいからであり、その新聞社の論調とか思想に同意したいわけでもなんでもありません。

エミン　つまり、新聞社の論調とかいろいろなバイアスなしに情報を入手するために、私たちは1面からではなく後ろから読んでいるということです。

情報の量や大小にごまかされない

渡部　日経新聞を後ろから読んでいくのは、日経新聞社の論調に引きずられないようにするためだと言いましたが、それは物を見るときに、ある一定の方向からしか見るようなことをできるだけ排除したいからです。例えば、私たちが普段使っている歯磨き粉や洗顔フォームのチューブは真上から見ると丸です。しかし正面から見ると長方形になり、横から見ると三角形になります。これと同じように、同じ新聞記事でも、視点が変わればまったく別の見え方をします。朝日新聞と産経新聞とでは、同じ事件でも全然違う論調で記事が書かれることが多い。しかし私たちが知りたいのは、その記事の本質であって、新聞社の考え方ではありません。特に株式投資で必要なのは経済に関する客観的なデータですので、なおさらそのデータに対する新聞社の意見などは邪魔なだけなのです。

エミン　1面の記事は見出しも大きいし、文字数も多い。さらに2面、3面とやや大きめの記事が続くので、それを先に読んでしまうと、どうしてもそこに書かれている内容に引っ張られてしまいます。しかも、大きな記事を読むだけでお腹いっぱいになって、後ろの記事はどうでも良くなってしまうこともあります。けれども、株式投資で大事なヒントは、実は真ん中から後ろ寄りの小さい記事にあることが多い。1面から読んでしまうと、その大事な記事を見落としてしまいます。

渡部　もちろん、だからといって1面や2面の記事を疎《おろそ》かにしてもいいという意味ではありません。1面や2面の記事というのは、世の中の大きな動きが載っていることが多く、それも株の動きに大きな影響を与えます。しかしそのインパクトに引きずられると、投資のヒントになりそうな小さな記事を見逃してしまう可能性が高まります。1面は大きな記事だからこそ、最後に読んでもかまわないということです。

エミン　大事なのは情報の量ではありません。1面に載るようなニュースは、大きな見出しで文字数も多い。それは、それだけ情報の量が多いということです。しかし、株式投資の場合、大きな情報ほど良いというわけではありません。ほんの小さな情報からその業界やその企業の変化を読みとることで、カタリストをいち早く読み解くこともできますし、そういう小さな記事のほうが株価の変動に直接影響してもいます。

渡部　別の言い方をすれば、1面や2面に載るような大きな記事は長期的な株価の変動を読み解く材料にはなりますが、中短期な株価の変動に関しては小さな記事のほうが有効だということです。

エミン　特に株式投資の場合は、「無数に流れている情報の中から、いかに本当に活用できる情報を絞り込むことができるか」、そこが大事なところです。例えば、日経新聞の後ろには「文化」と「社会」に関する記事が掲載されています。それは一見すると、株式市場には直接関係がないようにも見えます。しかし、政府が推進している「働き方改革」のきっかけはなんだったのか。それは電通の社員が過労の末に自殺したことでした。そして、その記事は社会面に載っていたものでした。あおり運転に対する罰則を強化した道路交通法の改正も、そのきっかけは、あおり運転の末に死亡事件が起きたことでした。自動車メーカーがハイブリッド車や電気自動車の開発に取り組むようになったのは、約20年前に川崎公害訴訟で国と道路公団が敗訴したことを受け、自動車メーカーが排気ガスが出ない自動車をつくらなければいけなくなったことでした。この川崎公害訴訟も、最初は社会面で報じられました。

渡部　社会面に載った小さな記事からも国や企業を突き動かすような大きな流れに発展することがあるということです。それがひいては株価にも影響してきます。小さな記事は株価を先読みするときの一つのヒントになるケースが多いのです。

エミン　問題は読み方です。大きな記事を読んでいると、そこにばかり目がいって、小さいけれども重要な物を見落としてしまいます。それを防ぐためにも新聞を後ろから読んでいき、新聞の論調に引きずられずに、できるだけ自分なりの視点で読み解くようにしていく。または、同じ記事に対しても、いろいろな角度から見るようにする。

渡部　ただ漠然と新聞を読むのではなく、掲載されている記事から何を読み解くか。そこを意識するだけでも、ずいぶんと読み方が違ってきます。

正しいか正しくないかは関係ない

エミン　『会社四季報』の予想記事を当たる当たらないで判断する人がいるように、日経新聞に関しても「日経は当たらない」と文句を言う人がいます。しかしそれは自分で読み解く努力をしないで、記事をそのまま信じているからに過ぎません。

渡部　文句を言っておいて、その後も記事をそのまま鵜呑みにしているのですから仕方ありません。新聞とは、そもそも信じる信じないという視点で読むものではありません。または正しいか正しくないか、そういうことでもない。特に私たちは、株式投資に関する情報を入手するために日経新聞を読んでいるのであり、その記事の信憑性とか正しさを判断するためではないのです。大事なのは、日経新聞の記事から私たちが何を読み解くか。そのためには、まずその新聞記事に何が書いてあるのか、それを理解することです。

エミン　これは当たり前のようですが、なかなか難しい。というのも、どうしても新聞社やその記者の論調に誘導されがちになります。ですから私は日経を後ろから読み、できるだけ先入観を持たずに、そこに書かれていることをまずは理解するようにしています。

渡部　大事なのは、事実とデータです。記者の憶測的意見は排除し、事実として何が起きたのか、そしてデータとしての数字が掲載されていたら、その数字を先に確認して本文を読むのは後回しにします。

エミン「人は自分が見たいものしか見ようとしない」と言います。自分がこうなってほしいという記事にだけ目がいったり、データとしての数字も自分の都合のいいように勝手に解釈したり、そういうことをしてしまいがちです。しかし、できるだけ自分の思惑《おもわく》を排除して、その記事に書かれている事実とデータだけを見るようにしていく。そうすることで、その記事に書かれている内容を把握していきます。

渡部　内容を理解したら、次にその内容について自分はどう思うのか、自分の考えをまとめることも大事です。同じ新聞記事でも、視点が変わればまったく別の見え方をします。自分が勤めている会社の立場でその記事を見てみたり、一般の消費者としての立場で見てみたり、立場を変えるだけでも、いろいろな見方ができます。

エミン　自分の考えとまったく正反対の見方を考えてみるのも面白い。株というのは買う人がいて、売る人がいないと成立しないのですから、一方だけの考えだけでなく、正反対の見方をすることで、新しい視点が生まれてきます。

変化をつかむためにキーワードに注目する

渡部　株式投資に結びつけるために日経新聞を読む際、気をつけなければならないポイントが3つあります。それは①「変化をつかむ」②「マーケットを把握する」③「景気の方向性を見る」の3つ。まず①「変化をつかむ」というのは、社会や企業の大きな変化や転換に気づくということです。

エミン　株価というのは社会や企業のちょっとした変化にも敏感に反応します。それがカタリストだったりします。その変化を新聞から読み解くのです。

渡部　変化や転換を知るためには、記事の見出しや本文にあるキーワードに注目するのがお勧めです。例えば見出しや本文に変化や転換を示唆する言葉を見つけたら、その記事を書きだしてみます。

エミン　そのキーワードとしては「〇〇年ぶり」「〇〇年以来」とか、史上初、業界初というような「初」があります。

渡部 他にも最高、最低、最長というような「最」。更新、新技術、新たな取り組み、というような「新」。発見、発明、日本発というような「発」、転換、反転というような「転」。脱退、脱なんとか、というような「脱」、改革、改正というような「改」。

エミン これらの言葉や漢字を頭に入れて新聞を読んでいくだけで、変化や転換を知るきっかけになります。見出しだけを見ても、こういう漢字が入っているものがたくさんあります。

渡部 例えば「新商品発売」とか「新技術開発」といった記事があれば、それはその企業の業績や事情に変化が起こると理解することができます。「福井県で37年ぶりに積雪が100センチを超えた」という天候に関する記事があれば、福井県で何かしらの変化が起きて、その地域の産業にも変化がもたらされるだろうことが想像できます。

エミン 特に「何年ぶり」という言葉は、何らかのサイクルが一巡したり、次のサイクルに入ったりしたことを示唆していると読むことができます。例えば、「○○業界の業績が20年ぶりに好調」というような記事があれば、○○業界が低迷期から拡大期に転換したと考えてもいいというように。

渡部　経済というのはサイクルで動いている一面があります。サイクルを意識しておくと、株の買い時や売り時を見極めるヒントになります。例えば、サイクルが上向きになっているると思えば買いですし、下向きになっていると思ったら買わないと判断できます。

エミン　サイクルとは別の言い方をすれば、景気の山と谷ということです。景気の波は基本的に上がったり下がったりしているわけですから、その景気の波に世界や社会が影響されて、結果的に株価にも反映していきます。

渡部　この経済のサイクルの波にはそれぞれに周期があり、経済学などで一般的に言われているものが4つあります。3～4年周期は在庫循環の「キチンサイクル」。製造業や小売業などの在庫などがこれにあたります。10年前後の周期は設備投資循環の「ジュグラーサイクル」。企業の設備投資は10年ほどで償却されます。20年前後の周期は建設投資循環の「クズネッツサイクル」。建物の寿命は20年ぐらい。50年前後の周期は「コンドラチェフサイクル」。蒸気機関や自動車、原子力、インターネットなど、人びとの生活を変えるような技術革新は50年ごとに起こっています。そこにもう一つ加わるのが、5つ目の100年周期で覇権が交代する「ヘゲモニーサイクル」というもので、このサイクルは株式市場におけるサイクル研究などに出てきます。世界の覇権は約100年周期で交代してきました。１８００年代はイギリス。１９００年代はアメリカ。２０００年代はアジアの時代になり、これから日本がその中心になると思っています。

エミン　サイクルに注目できるキーワードは「初」です。これは何か新しい動きが誕生したことを表すサインだとも読めます。例えば、ある企業が「初めて海外に工場を持った」というような記事があれば、同業他社もそれに続き、設備投資や建設需要が増えるかもしれません。「海外に初めて拠点をつくった」というような記事なら、そこから新たな需要が生まれたり、新たなマーケットがつくられたりするとも考えられます。

渡部　余談になるかもしれませんが、サイクルを感じるということは、特に男性は不得手ですが、女性ならすぐに理解できます。なぜかといえば、女性には生理があるから。生理というサイクルを自分の身体に持っているからなんです。しかしよく考えてみれば、一日は24時間で、うるう年は別として一年は３６５日というサイクルで動いていて、そのサイクルの中で私たちは生きています。ただ、そういうサイクルがあることは普段、意識していないだけなのです。

エミン　たしかにサイクルを意識すると、いろいろなことが見えてきます。株価もあらゆる銘柄がサイクルの影響を受けていると言ってもいい。同じ業界の景気が永遠に上がり続けることはありませんし、そのピークがいつかを見極めなければなりません。

渡部　その業界の景気がいいときほど、浮かれているのではなく、いつサイクルが転換期を迎えるか。その反対に現在はその業界の景気は悪いが、いつ上昇に転じるか。株式投資をする場合は、特にサイクルを意識することで、買い時や売り時を間違えないようにすることもできます。

エミン　そのためにも新聞の見出しや本文に「何年ぶり」や「初」のような変化や転換を示唆する言葉を見つけたら、それがどのサイクルと結びつき、どんな変化を示唆しているかを考えるべきだということです。

大元のデータを知らないと何も理解できない

渡部　日経新聞を読むときに気をつけなければならないポイントの2つ目は、②「マーケットを把握する」ということ。これはマーケット規模を知るということです。そのためには、マーケットに関するデータや数字に注目して新聞記事を読んでいく必要があります。

エミン マーケットの規模を知るということは、企業の成長性を見るうえでとても重要なことです。例えば、ある企業の業績が最高益に達したという記事が出ても、その企業が対象とするマーケットの規模が小さかったり、縮小していたりしているような状況では、それ以上物は売れません。現在以上の大きな成長は見込めないということになります。

渡部 会社の利益はマーケットから生まれると言っていい。ですから、常にマーケットの規模を把握しておく必要があります。その会社が業界ナンバー1だとしても、業界自体が小さなマーケットだったら、それ以上の収益は望めませんし、逆にマーケットが大きかったら、シェアを拡大することで、さらにどんどん成長することができます。

エミン これまでの業績が悪い会社でも、そのマーケットの規模が急成長していくような状態になれば、それに連動して業績が上がっていく可能性も出てきます。

渡部 マーケットを見るときは、世界、日本、業界、企業という順番で見ていくのがお勧め。つまり規模が大きい順にマーケットの大きさを意識しておくのがポイントです。

エミン すべては世界のマーケットが土台になっているのですから、まずは世界のマーケットの規模から把握していくということです。世界のマーケットがあり、そこに日本のマーケットがあり、さらに各業界のマーケットの上に企業が乗っかっている。企業の株価も、それぞれのマーケットの変動に依存していると言ってもいい。

渡部　実際に新聞記事を読んでいく際も、その記事の背景となっているマーケットを常に意識して読み解いていくことが大切です。例えば、「原油が100万バレル減産された」という記事が出たとします。100万バレルと聞いて、「へ〜、そんなに減産されるんだ」と思うかもしれませんが、そもそも原油の生産量はいったいいくらあったのか。例えば、それが9000万バレルだとしたら、減産される100万バレルというのは、たかだか1%ぐらいでしかありません。そうなれば「原油が100万バレル減産された」という記事の見方も変わってきます。

エミン　原油の生産量という原油のマーケット規模を知っているか知らないかで、記事の見方が180度変わってしまいます。

渡部　マーケットを意識するということは、大元のデータを知っておくということです。大元のデータを知らなければ、個別のデータの動きが全体に対してどの程度の影響があるのか、そういうことがわかりません。例えば、「国内の個人消費が5%伸びた」という記事と「住宅投資が20%伸びた」という記事が出たとします。どちらがGDPに与える影響が大きいと思いますか。

エミン　数字だけを見れば「住宅投資が20％伸びた」というほうがＧＤＰに与える影響が大きいと思ってしまいます。つまり、「住宅投資が20％伸びた」ことで、日本の景気も良くなると判断する人が出てくるかもしれません。

渡部　しかしＧＤＰ全体の構成比率を見てみると、個人消費はＧＤＰ全体の約56％と半分以上を占めているのに対して、住宅投資は３％に過ぎません。となると個人消費が５％伸びることでＧＤＰを約３％押し上げますが、住宅投資が20％伸びても、ＧＤＰは０・６％しか上がらない計算になります。

エミン　つまり個人消費の増減のほうが、住宅投資の増減よりも景気に与える影響が大きいということです。これがわかっていれば、「住宅投資が20％伸びた」としてもＧＤＰを押し上げる要因にはそれほどならず、日本の景気がそのことで良くなるわけではないということがわかってきます。

渡部　大元のデータを知らないで目先の数字だけに目を奪われてしまうと、正しい判断ができなくなります。

エミン　このような勘違いは株式投資の際にもいろんな場面で起こります。同じ規模のＡ社とＢ社の業績を比べて、Ａ社の業績の伸び率のほうが大幅に大きい場合、Ａ社のほうを成長率が高いと判断してしまいがちです。しかしA社の業種の市場規模が1兆円で、B社の業種の市場規模が10兆円だとすれば、たとえB社の業績の伸び率がA社より小さくても、B社の市場規模のほうが大きいので、利益も大きくなる可能性があり、成長ポテンシャルも大きいと言えます。大元のデータを知らないと、データ自体が理解できません。

ストックデータとフローデータは分けて考える

渡部　さらにマーケットのデータを見るときは、「ストックデータ」と「フローデータ」に分けることも大切です。ストックとは蓄えや貯蔵のことで、「ストックデータ」とはその時点での保有・保管されている量のこと。フローは流れのことなので、「フローデータ」とは一定期間に取引された量を指します。

エミン　ストックを表すデータとしては、現金預金の量や負債額、ある商品の保有量などがあります。それに対してフローを表すデータは、生産量、流通量、販売量、消費量など。貿易収支やGDPも毎年の変化や流れを表しますので、フローデータに分類できます。例えば自動車に関して言えば、自動車の保有台数はストックデータで、生産台数や販売台数はフローデータということになります。

渡部 この2つのデータは連動しており、フローがプラスならストックが増え、マイナスならストックが減るのが一般的だと考えられます。しかし株式投資でその会社の業績を見るときは、ストックデータとフローデータは別の種類として切り分けて扱ったほうがいい。例えば、ある商品の販売量が前年より増えたという記事が出たとしても、すぐにストックが増えるかというと、そうではなくて、あくまでも販売量が増えたのは前年と比べてのことであって来年のことはわかりません。

エミン つまり、ストックデータは毎年毎年積み上がっていくデータですが、フローデータはその年その年で消えていくデータだとも言えます。ですから、フローを見ただけではストックはわかりませんし、ストックを見ただけでもフローは語れません。

渡部 フローはフロー、ストックはストックのデータを集めていき、そのうえでマーケットや業界、個別の企業の成長を分析していくことです。具体的に言えば、フローデータであるその年の自動車販売数の数字が昨年より減少していれば、これからは自動車が売れない時代が来ると判断してしまいそうになります。しかしそう判断する前にストックデータを見てみると、日本における自動車の保有台数はだいたい7000万台ぐらいあり、前年とあまり変わっていないとします。となると自動車が仮に20年に一度、買い替えが行われるとすると、7000台÷20で、毎年350万台は最低でも売れるという計算になります。ということは、たとえその年の販売数が去年より減少したとしても、潜在的には平均して毎年350万台は売れるポテンシャルがあるということになる。その結果、目先のフローデータだけで、これから自動車が売れなくなる時代が来ると断言するのは早計だということになります。

エミン 先入観を持たないこと。フローデータがこうだからこうだと断言してしまわないで、ストックデータもちゃんと見てみる。そうすることで初めて、その業界や個別の企業の実態が見えてくるということです。

渡部 ストックデータの一つに人口もあります。例えば、インドの人口は約13億人です。このストックデータを頭に入れておけば、もしもある企業が自社製品をインドに売ろうとした場合、インド人の一人に2個ずつ売ることができれば、13億×2で、26億個という数字がすぐに計算できます。しかし、インドの人口を頭に入れておかないで、ただインドの人たちに闇雲に自社製品を売ろうとしても、全体的なイメージを描くことができませんし、販売計画も何もあったものではなくなります。商売として破綻してしまいます。

エミン 新聞を読む際も、インドの人口が約13億人だというストックデータを把握していれば、例えば、「インドでの新車の販売台数が伸びている」というフローデータの記事が出たとき、その分析も変わってきます。

渡部 新車の販売台数が上昇したというフローデータからインドの自動車市場が成長していることがわかるだけでなく、ストックデータであるインドの人口を加味すれば、自動車市場のさらなる成長が望めると判断できます。さらに、インドにおける日本の自動車メーカーのシェアが前年よりも上がっているというフローデータがあれば、その日本の自動車メーカーの販売台数もさらに上昇していくと考えていい。日本の人口は1億2000万人ぐらいですから、インドでの今後の販売台数は日本の比ではないということもわかってきます。

エミン ストックデータを把握しているだけで、インドで新車の販売台数が伸びている記事からいろいろなことが見えてきます。

渡部 だからこそ、記事をただ漠然と読むのではなく、そこに書かれているデータや数字に注目して、さらにそれがフローデータなのかストックデータなのかを見極めながら、マーケットの規模も意識して株式投資の判断材料にしていかなければいけないのです。

データだけから客観的に分析する

エミン　株式投資の場合は冷静な分析が求められます。人は自分が見たいものしか見ようとしない傾向にあり、データとしての数字も自分の都合のいいように勝手に解釈しがちになります。株価やチャートを見るときにも、こうなってほしいという希望や期待があると、そういう先入観で見てしまい、客観的な判断ができなくなってしまうので注意が必要です。

渡部　しかし、それがなかなか難しいのです。例えば、日本で一時期、「原子力発電をすべて停止すれば日本の電力が止まってしまう」という論調があり、多くの人が納得しました。しかし実際のデータを見てみると、原発を含めて火力や水力などの日本におけるすべての発電能力はだいたい2・5億キロワット。そのうち普段、実際に稼働しているのは50％で、だいたい1億キロワット強ぐらいでした。これが電力のフローデータということになります。それに対して原発は1基でだいたい１００万キロワット発電する能力があり、日本には原発が50基ぐらいあるので、すべての原発を稼働させると５０００万キロワットということになります。

エミン　つまり、データを分析してみると、「原発を稼働させなくても、日本の発電能力は大丈夫だとわかりました」ということです。

渡部　「原発反対だといえば左翼で、賛成だと右翼だ」とすぐに議論を別の方向にすり替える人がいます。しかしこういうデータをもとにしないと、本当の意味で原発が必要かどうかという議論はできませんし、実際に日本ではそういう議論は進んでいません。

エミン　「データだけを見て、そのデータから読みとれることだけで分析していくことがいかに大切か」ということです。データを見て、すぐにわかったつもりにならないということも大事です。日本のメディアはよく「東京ドーム何個分」という表現を使います。しかし東京ドームに行ったことがない人は、その大きさはわかりませんし、行ったことがある人でも「ただ大きいな」と思うだけで、東京ドームの正確な大きさは知りません。それなのに「東京ドーム何個分」と言われて納得しているのは、ただわかったつもりになっているだけなのです。そうやってわかったつもりになっていると、新鮮な驚きは起きませんし、「気づき」は起こりません。大事なことを見落としてしまいます。

渡部　要は「自分が納得する」ということを大切にすることです。特に、あるデータを見て、「おや？」と思うことがあれば、それは自分なりの驚きであり、発見です。これを大事にしていくべきです。「あれ？　自分ではそんなにこの商品が売れているとは思っていなかったのに、数字を見たら、こんなにも売れていた」と感じたら、それを取っかかりとして、どうしてこんなに売れたのか、その背景となっているものを調べてみる。そうすることで自分では気づかなかった「気づき」を発見して、感じることができなかったカタリストを知ったり、マーケットの変化を感じ取ったりして、株式投資のヒントに結びつけることができるようになります。

エミン　新聞の記事からはいろいろな「気づき」を感じることができますから、それを大事にしていきたいですね。

「業績集計」記事の重要性

渡部　日経新聞には個々の企業や業界、日本や世界のマーケットについての情報がほかの新聞よりも多く掲載されているとはいえ、マーケットの規模を表すストックデータはあまり掲載されることが少ないので注意が必要です。新聞は日々の出来事を伝えるメディアですので、どうしても売上高や販売量のようなフローデータに関する記事が多くなってしまいます。ですからストックデータはインターネットなどを使い、自分で調べていく必要も出てくるでしょうし、記事にストックデータが掲載されていたら、その記事を切り取るなどして、忘れないようにしておくことが大事です。年末年始や年度末の前後には、世界や業界全体の動きを伝えるニュースの中にストックデータが掲載されますので、特に注意して読んでいくことをお勧めします。

エミン　国内マーケットについては、日経新聞が年に1回、5月中旬に掲載する業績集計の記事が特に参考になります。そこには各業界の売上高や経常利益などの実績と予想が載っていますので、日本企業の業績動向の変化を掴むことができます。

渡部　この業績集計は、『会社四季報』の巻頭ページに毎号、掲載される「【業種別】業績展望」とほとんど同じです。しかし、日経新聞が特に重要なのは、『会社四季報』夏号が発売される6月中旬よりも1カ月早く業種別の情報が掲載されるということです。日本の上場企業の80%は2月と3月に決算が行われますので、その決算と新しい業績予想を反映したこの業績集計は、各業界全体の今後を占ううえで重要な指標となります。

エミン 『会社四季報』より一カ月も早く重要な情報を入手することができるというのは、投資家にとって、とても貴重なことです。

渡部 ただし、『会社四季報』の場合は上場している約３８００社から３４００社程度の企業の実績と予想を集計したものですが、日経新聞の場合は、だいたい１５００社ぐらいのものでしかありません。とはいえ、日経新聞が掲載する業績集計は今後一年間の方向性を見極めるうえで重要な資料で、しかも『会社四季報』よりも一カ月早く情報を入手できる利点があります。

エミン 投資家ならば、この情報を利用しない手はありません。

世界の景気を知ることから始める

渡部 日経新聞を読むときに気をつけなければならない最後のポイントは③「景気の方向性を見る」こと。株価は景気に左右されるので、景気の方向性を知っておくことが重要です。景気が上向きなら業績が上がって株価が上がり、下向きなら業績が下がるので株価も低迷していくのが一般的です。

エミン　景気の方向性を見るときも、まず世界の景気を見て、それから日本の景気を見ます。世界の景気は日本の景気にも強く影響しています。グローバル化している現在の日本企業の多くが世界の景気の方向性に影響を受けるのは当然のことです。

渡部　逆に言えば、個別の企業の業績がどんなに良くても、業界の景気が悪ければ、それ以上の収益は望めないでしょうし、日本の景気自体が縮小傾向にあれば、なおさらです。世界が不景気傾向にあるなら、いっそう厳しいと言えます。景気の判断は株式投資にとっては非常に重要な指標です。

渡部　新聞記事から世界の景気を知るためには、世界各国の経済指数や国連をはじめとする国際機関の動きなどから世界のお金がどんな分野に向かって流れようとしているのか、それを見極めることが必要となってきます。

エミン　世界の投資家の動きをイメージしてみるといいかもしれません。投資家たちは絶えず目を光らせて、世界中の株の動きを見ています。日本市場の株を主に売買しているのは海外投資家だとも言われており、彼らの動きが日本株に大きな影響を与えています。彼らは自分が住んでいる国の景気が悪くなれば、手持ちの資金を増やすため、保有している日本株を売ることもあるでしょう。そうなれば当然、日本株は値下がりしていきます。また、世界のお金がある国のある分野に流れていると感じたら、その流れに関係のない日本株を売って、その分野の海外株に資金を投入するかもしれません。日本とは一見関係ない世界の動きが、実は日本株にも大きく影響してきます。だからこそ、世界の景気やマーケットの動きに絶えず注意しておく必要があるのです。

渡部　さらに世界の景気の動向を知るためには、GDP世界第一位のアメリカと第二位の中国の動きに注目していく必要があります。特に現在、米中貿易戦争の真っ只中で、報復関税の応酬が行われています。関税が引き上げられればすぐに貿易収支に反映し、経済にも即座に影響が出てきます。それがひいては日本企業にも影響が及びます。今後もアメリカと中国の動向に注視していかなければいけません。

エミン　新冷戦という枠組みで見ても、米中の対立は新冷戦の激化につながっていく可能性が高い。両陣営の駆け引きが激しくなれば、世界経済への影響も計り知れません。当然、日本企業の株価も敏感に反応していきます。特にアメリカと中国の首脳の経済政策に関する発言は、今後の景気や経済の方向性を示唆する情報が含まれていることが多いので注意が必要です。

景気動向指数から景気の方向性を知る

渡部　私たちは景気が良いとか悪いとか、「景気」という言葉を簡単に使っています。しかし、景気とはそもそも何かと問われたら、答えに窮《きゅう》してしまう人が多い。

エミン　大阪の人たちは「儲かってまっか?」という挨拶に対して「あきまへん」とか「ぼちぼちでんなー」と答えるらしい。これも景気の良し悪しを言っています。

渡部　一般的に使われている景気という言葉は、非常に感覚的で気分的なものです。しかし、株式投資の場合は、感覚的であってはいけません。感覚的なものとして景気を捉えると、失敗してしまうことが多い。そこで具体的に景気がどうなのかを判断する基準として、私は「景気動向指数」と「ＧＤＰ」を参考にしています。

エミン　まず「景気動向指数」というのは、生産や雇用など経済と景気に敏感に反応する30項目の指標をもとに内閣府の専門会議で決定されるもので、内閣府が毎月発表しています。もちろん、日経新聞にもその指数が掲載され、例えば2020年8月7日の日経新聞には「景気指数、6月は76・4　5カ月ぶり上昇」という見出しで、景気動向指数の詳細が書かれています。

渡部　ただ気をつけてほしいのは、この景気動向指数は3つに分かれているということです。一つは数カ月先の景気の動きを示す「先行指数」で、もう一つは現状の景気を示す「一致指数」、そして、3つ目は、数カ月から半年ほど遅れて発表される「遅行指数」。新聞を読むときには、この3つの区別を理解しておかないと、本当の意味で景気の方向性を読むことができなくなります。

エミン　つまり、「先行指数」と「一致指数」と「遅行指数」をわかっていないと、株式投資で失敗してしまうということです。単にその数値がいいから株価も上がるだろうと考えるのは、間違いなのです。

渡部　株価が上がるのは、あくまでもこれから景気が上向くだろうというトレンドを感じたときに上がっていくものであり、現在の景気が良いか悪いかは関係ありません。ですから現状の景気を示す「一致指数」を見て、単にその数値が上昇しているから株価も上がっていくとは言えません。

エミン　現在は景気が良くても今後は後退していくとなれば、株価は低迷していくはずですし、逆に今は景気が悪くても回復していくとなれば株価は上がっていきます。重要なのは現在ではなく、今後の方向性です。

渡部　自動車で例えれば、「先行指数」というのは、走行中の車のフロントガラスから見える先の景色で、「一致指数」というのは、横のガラスから見える景色。そして「遅行指数」はバックミラーに映っている景色と言えます。ですから、「遅行指数」とは通り過ぎてしまったものをバックミラーを見ていることになりますので、それだけを一生懸命に見ているだけでは前が見えません。「一致指数」も現在の瞬間のものを見ているだけで、これも先を見ることにはなりません。株価は「先行指標」なので、フロントガラスから見える風景なのですが、実はさらにもっと先にある景色を織り込みにいっているのが実状です。つまり先にあるカーブのその先を見るようなもので、その先が崖になっているかもしれませんし、曲がり角になっているかもしれません。もしかしたら素晴らしい風景が広がっているかもしれません。それを先回りして知るためには、バックミラーに映っている「遅行指数」や横のガラスから見える「一致指数」を参考にしながら、何かしらのヒントをフロントガラスの向こうの景色の中から見つけていくしかありません。株式投資とはそういうことなんです。

「一致指数」よりも「先行指標」を重視する

エミン　「景気動向指数」は生産や雇用など経済と景気に敏感に反応する30系列の基礎指標をもとに算出されます。つまり、その30系列の指標の中に「先行指数」「一致指数」「遅行指数」の3つの指数のもとになっているものがあるのです。ということは、景気動向指数のもとになっている基礎指標の中から、こちらが先取りして景気を判断する材料とすることもできるということです。例えば、「景気動向指数」のもとになっている「新規求人数」の変化は、景気が良くなりはじめたり、悪くなったりすることで、企業が雇用を調整しようとするものなので、景気に先行して動きます。つまり、「先行指数」です。

渡部　新聞に「新規求人数」の記事が載っていたら、それは景気の「先行指数」を示しているんだなと一つの目安にすることができます。

エミン　そのほかにも株価というのは実体経済の見通しをある程度、織り込んで動くもの

図4

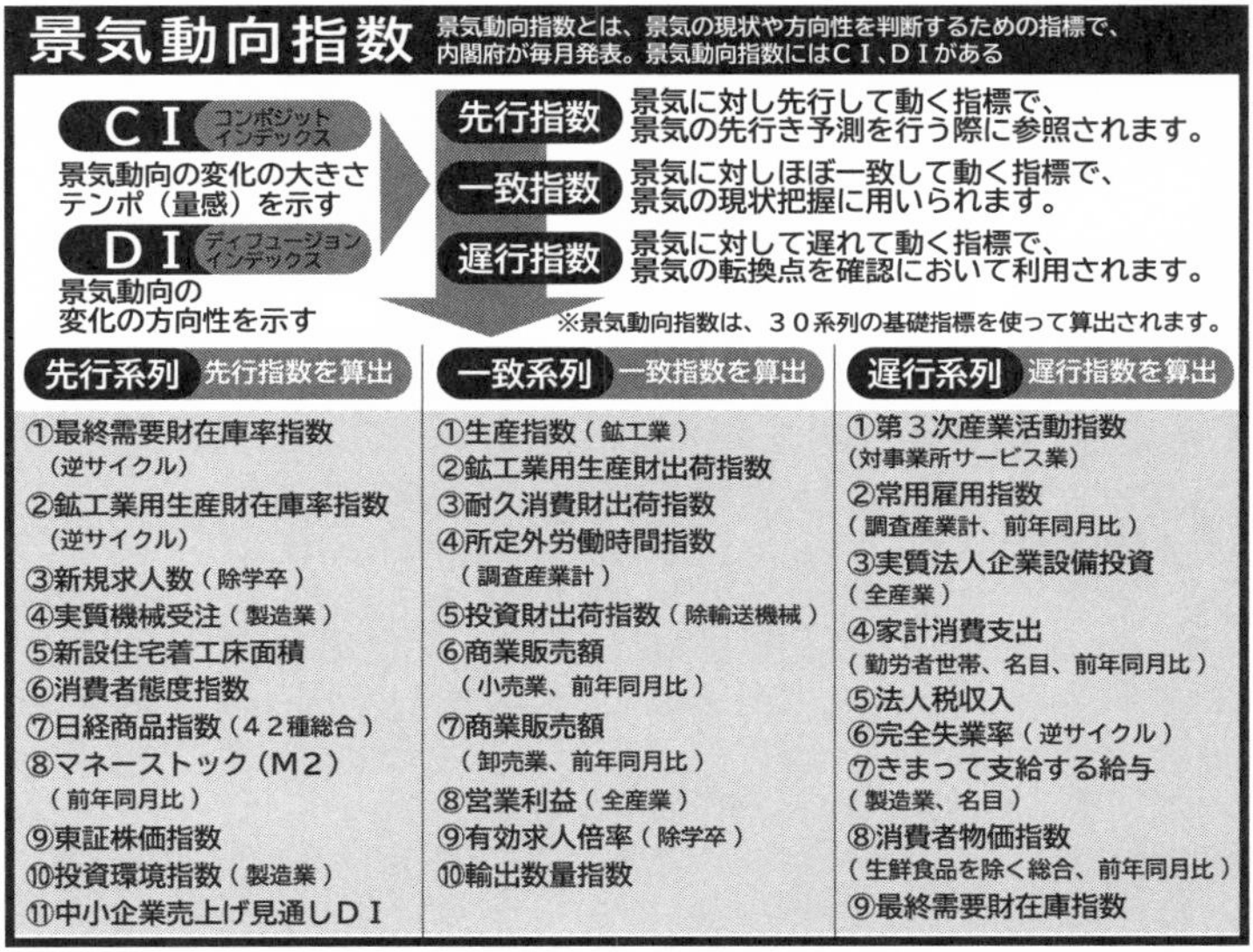

景気動向指数
景気動向指数とは、景気の現状や方向性を判断するための指標で、内閣府が毎月発表。景気動向指数にはCI、DIがある
CI　コンポジット インデックス
景気動向の変化の大きさ テンポ（量感）を示す
DI　ディフュージョン インデックス
景気動向の変化の方向性を示す
先行指数　景気に対し先行して動く指標で、景気の先行き予測を行う際に参照されます。
一致指数　景気に対しほぼ一致して動く指標で、景気の現状把握に用いられます。
遅行指数　景気に対して遅れて動く指標で、景気の転換点を確認において利用されます。
※景気動向指数は、３０系列の基礎指標を使って算出されます。
先行系列　先行指数を算出
①最終需要財在庫率指数（逆サイクル）
②鉱工業用生産財在庫率指数（逆サイクル）
③新規求人数（除学卒）
④実質機械受注（製造業）
⑤新設住宅着工床面積
⑥消費者態度指数
⑦日経商品指数（４２種総合）
⑧マネーストック（M2）（前年同月比）
⑨東証株価指数
⑩投資環境指数（製造業）
⑪中小企業売上げ見通しDI
一致系列　一致指数を算出
①生産指数（鉱工業）
②鉱工業用生産財出荷指数
③耐久消費財出荷指数
④所定外労働時間指数（調査産業計）
⑤投資財出荷指数（除輸送機械）
⑥商業販売額（小売業、前年同月比）
⑦商業販売額（卸売業、前年同月比）
⑧営業利益（全産業）
⑨有効求人倍率（除学卒）
⑩輸出数量指数
遅行系列　遅行指数を算出
①第３次産業活動指数（対事業所サービス業）
②常用雇用指数（調査産業計、前年同月比）
③実質法人企業設備投資（全産業）
④家計消費支出（勤労者世帯、名目、前年同月比）
⑤法人税収入
⑥完全失業率（逆サイクル）
⑦きまって支給する給与（製造業、名目）
⑧消費者物価指数（生鮮食品を除く総合、前年同月比）
⑨最終需要財在庫指数

ですので、東京証券取引所が算出して公表している株価指数である「TOPIX（東証株価指数）」も先行指標の一つとなっています。

渡部　エネルギーや金属、食料といった商品価格を指数化した「商品指数」や金融機関から経済全体に供給されている、通貨の総量である「マネーストック」なども先行指標です。新築住宅の着工状況を示す「新設住宅着工床面積」や、生産に必要な機械の受注件数である「実質機械受注」などもそう。モノづくりの順番は、受注から始まり、生産、出荷、納品と進んでいきますから、着工や受注に関するデータは、景気に先行してデータとして表れます。非製造業

の場合は、仕入れに関するデータが先行データとなります。(「図4・先行系列」参照)

エミン　現状の景気を示す「一致指数」は、モノづくりの順番でいうと、生産や出荷販売のデータです。つまり、製造業でいえば、機械や耐久消費財、投資財の「出荷データ」。非製造業の場合は、「販売に関するデータ」が一致指数ということになります。

渡部　生産現場から見ても、労働時間のデータを表す「所定外労働時間指数」や、企業に必要とされる労働力を示した「有効求人倍率」は、景気の動向とほぼ一致して動くので一致指数です。(「図4・一致系列」参照)

エミン　「遅行指標」はというと、生産や販売の結果、利益が出れば給料も増え、ボーナスも出て、そのぶん家計の消費も増えていくので、「家計消費支出」は遅行データとなります。景気が良ければ企業は設備投資をしますので、その結果を表す「実質法人企業設備投資」も遅行指標です。(「図4・遅行系列」参照)

渡部　とはいえ、これらの指数は「先行」なのか「一致」なのか「遅行」なのかということは分類されていない状態でバラバラに新聞記事に載っているのが普通です。ですから記事を読むときは、その記事が「先行」なのか「一致」なのか、それとも「遅行」なのか、どこに当てはまるのかを考えながら読んでいくことが必要となります。例えば、「現在の日経平均株価は軟調だが、足もとの経済は堅調」という記事が出たとします。その時、今は株価が低調でも足もとの経済が堅調なのだから株価は今後、上がるだろうと予想するのは間違いです。なぜなら株価は「先行指数」で、足もとの経済は「一致指数」だからです。

エミン　つまり、この記事からわかることは、これからの景気の方向性は「先行指数」である株価に反映されているので、株価が低調ということはこれから景気は停滞するということです。つまり、いくら現在の経済は良くても、今後は悪くなり、株価も低迷したままだろうと予想できます。

渡部　景気の影響が現れる順場は、「先行」から「一致」、「遅行」へと進んでいくと考えられます。今後の景気の方向性を知るためには、あくまでも「先行指標」を重視するべきです。平均収入が増えたとか消費が増えたというような記事が出ても、それは「遅行指標」でしかありませんから、安易に今後の景気の判断材料にしてはいけません。

エミン　「先行」や「一致」「遅行」というものを意識しないで記事を読んでいくと、景気の判断をまったく別のものにしてしまう危険性がありますので、記事を読むときには注意が必要です。

渡部　景気の波は山と谷が交互にやってくるのが一般的で、サイクルがあります。「変化をつかむ」でも触れましたが、景気はいつまでも良い状態が続くわけでないということを頭に入れておく必要もあります。

エミン　景気が良いと判断したときこそ、それが景気のピークなのか、それともこれからも上昇していくのか、そのことを見ていかなければなりません。

渡部　景気が悪いときでも、それが景気のどん底で、これから上がっていくのか、それともまだまだ下がっていくのか、そういうことを見極めることが株式投資では必要です。

エミン　だからこそ新聞を読むときは、現状の景気を知ることよりも、今後の景気の方向性を示す「先行指標」のデータをより重要視するべきなのです。

過去の景気サイクルから見えてくるもの

渡部　参考のためにお話ししますと、内閣府では景気の山と谷がいつだったのか、「景気基準日付」というものも発表しています。これは景気動向指数を決めるときに採用している指標のなかの「一致指標」だけからつくられる「ヒストリカルＤＩ」というものをもとに、専門家の意見も交えて決定しています。ヒストリカルＤＩを構成している一致指標のうち、上昇している指標の割合が50％超える直前の月を景気の谷、50％を下回る直前の月を景気の山と一応の目安にしているのです。

エミン　山と谷というのは景気の転換点ですから、あらかじめ景気の山と谷がわかっていれば、これほどありがたいものはありません。

渡部　残念ながら、ヒストリカルＤＩは基本的に「一致指標」からつくられます。ですから、今後の方向性までは示すことはできません。あくまでも現在から振り返ってみて、あの年の何月が景気の山で谷だったということがわかるということに過ぎません。ただ「景気基準日付」をもとにした過去の景気の波を見てみると、似ているところがあります。まず、景気のサイクルは30カ月から50カ月くらいの期間で循環していることが多い。

エミン　30カ月から50カ月くらいということは、３年から４年周期で一巡するわけです。それは経済のサイクルでいうと、「キチンサイクル」になります。

渡部　「キチンサイクル」とは製造業や小売業などの在庫が一巡するサイクルだと前に説明しました。まさに、これに該当しています。

エミン　そう考えると、今後も景気の波は３年から４年で一巡する傾向が強いと言えそうです。もちろん、過去にもっと長い期間好景気が続いたこともありましたが、長くても6年から7年ぐらいが限度と考えたほうが良さそうです。

渡部　これは株式投資において一つの参考にはなります。株価は景気に連動するのが普通ですから、上昇傾向にあった株価も3年から4年もすれば景気の転換とともに下がってくるでしょうし、逆に株価が低迷気味だった銘柄も3年から4年もすれば上昇に転じるだろうと予測することができます。

エミン　実際に株価がそう動くかどうかは別にして、株価は3年から4年ぐらいで転換していくというイメージを持っておくことは大切です。そういう心構えをしておけば、たとえ株価が上がっていても、もうそろそろピークが近いだろうと判断して手早く売ることができるようになります。

渡部　過去の景気の波を見て、もう一つ似た傾向にあるのは、景気が拡大する期間よりも後退する期間のほうが短いということです。つまり、景気はゆっくりと上向いていきますが、下がるときは一気に下がってしまいます。

エミン　株価の動きも同じです。じわじわと上がっていった株価がガクンと急落していく。これもイメージとして頭の隅に置いておくと、いつまでも特定の銘柄に固執するようなことがなくなります。今はまだ株価が上がっていますが、すぐに急落するのが当たり前だと思っていれば、売り時に躊躇《ちゅうちょ》しなくなります。

渡部　景気が拡大する期間よりも後退する期間のほうが短いということは、景気の山は谷と谷の真ん中ではなく、後ろ寄りにできるということで、景気のサイクルが3年から4年とすると、景気の山は2年から3年目くらいにやってくると予測することもできます。

エミン　このイメージは株を売り買いするときの参考になります。景気の方向性を見るときはサイクルを考え、そのピークはどこでやってくるのか、それはやや後ろ寄りで、ピークをすぎて景気の底を迎えたら、そこからゆっくりと上昇していく。そういうイメージで株価の動きを見ていくのです。

GDPの伸び率が経済成長率

渡部　景気を判断する指標として「GDP」もあります。これは日本語で言うと「国内総生産」。一定期間内に国内で生み出された付加価値の総額のことで、つまりは一定期間内に国がどのくらいお金を儲けたかということ。これは一国の経済活動を示す重要な指標として世界各国でも採用していて、日本でも内閣府が作成し、公表しています。

エミン　ＧＤＰには実質ＧＤＰと名目ＧＤＰがあります。単にＧＤＰというときは名目ＧＤＰのことを指すのが一般的です。私たちが経済成長率という言葉を使うときは、このＧＤＰの伸び率のことを言っていて、景気の方向性を見るときは、ＧＤＰの伸び率に注目します。伸び率がプラスであるならば、景気が良いということであり、プラスが続いていくようなら景気は上向きということです。

渡部　ＧＤＰは年に4回、四半期別に公表されます。つまり、1月から3月までのＧＤＰ、4月から6月までのＧＤＰ、7月から9月までのＧＤＰ、そして10月から12月までのＧＤＰの4回。しかし、ＧＤＰを確定させるためには、それを算出するために必要な数値が必要です。それらがわかるのが翌年になりますので、本当なら翌年まで待たなければいけないのですが、それでは遅いということで、政府は「速報値」という形で四半期ごとにＧＤＰを発表しています。市場関係者などがＧＤＰの成長率をもとに政策やビジネスプランを考えることが多いので、早く発表してくれという要求に政府が応えているわけです。

エミン　政府発表の速報値よりも前に、民間のエコノミストたちも予想した数値を発表しています。それほどGDPは大事だということです。

渡部 ちなみに2020年1~3月期のGDPの速報値は5月18日に公表されました。それを見ると、マイナス成長だった2019年10~12月期のGDPよりもさらに0・9%マイナスとなっています。さらに8月17日に発表された2020年4~6月のGDPの速報値では前期比マイナス7・8%で3四半期連続のマイナス成長となり、年率で換算するとマイナス27・8減で、リーマン・ショックを超える戦後最悪のマイナス成長となりました。これは2019年の暮れから景気は低迷期に入ったということを表していて、特に2020年に入ってからはコロナ禍の影響が大きく経済活動を停滞させていることが数値としても証明されたということです。

エミン しかし、これらの数値はあくまでも2020年6月までの数値であって、これから先の見通しは別物だと考えなければいけません。もちろん、コロナ禍が終息していない現在、景気がすぐに上向きになるわけではありませんが、データというのは、データだけを見て、そのデータから読みとれることだけで分析していかなければなりません。GDPの中身もよく分析する必要もあります。例えば全体のGDPの数字はマイナスであったとしても、それを構成している個人消費の伸び率はどうなのか、設備投資や住宅投資はどうで、貿易収支はどうなのか。さらにその上で『会社四季報』に掲載される「市場別集計」や「【業種別】業界展望」などを見て市場や各業界の景気の方向性はどうなのか。さらに、これらに関連する日経新聞の記事からも読み解いていき、日本全体から業界、個別企業の景気の方向性を細かく分析することで、株式投資のヒントが見えてくるのです。

渡部　なお、ＧＤＰは世界各国で発表していますので、世界経済の景気の方向性を見るときにも利用できます。そのほか、国際通貨基金（ＩＭＦ）が世界経済の見通しを発表したり、経済協力開発機構（ＯＥＣＤ）が「景気先行指数」という世界経済の動向を分析した指数を発表したりと、国際機関もさまざまな数値を公表していますので、新聞に掲載されたときは、注意して読むことをお勧めします。

記事をノートに貼り付ける作業は得るものが多い

エミン　「変化をつかむ」「マーケットを把握する」「景気の方向性を見る」。これが日経新聞を読むときの3つのポイントです。それぞれのポイントが記載されている新聞記事を見つけたら、別紙に書き留めたり、その記事を切り取ったりすることも投資に役立ちます。

渡部　私は記事の切り抜きを20年以上、続けています。「変化をつかむ」うえで気になったキーワードが掲載されている記事や、「マーケットを把握する」うえで重要だと思ったデータや数字が掲載されている記事、そして「景気の方向性を見る」うえで必要だと思った記事などを切り抜き、ノートに貼り付けています。もちろん、この3つのポイント以外にも、自分なりに新鮮な発見や驚きを感じた記事や、カタリストになる可能性を感じた記事も同じように切り取っています。

エミン　記事にアンダーラインを引いていくのもいいのですが、記事を切り取ったほうがあとで見やすいし、記事の内容も頭に入りやすい。私の母親は学校の先生をしていましたが、母親が言っていたのは、「試験中にカンニングしているのを見つけたら捕まえて罰しますが、カンニングをするためにペーパーをつくったり、消しゴムや何かに試験に出そうな内容を書いたりしている学生を見つけても怒らない」ということ。それは、カンニングペーパーをつくるぐらいの努力をするヤツは、そのペーパーをつくる過程ですでに勉強して覚えてしまっているからです。それと同じで、気になった記事を切り抜いていく作業は、それを行うことでその記事の中身が自分の頭に入っていきます。

渡部　記事を切り抜きするときは、それ自体を目的にするよりも、継続することを心がけてほしい。もしもその日の新聞にこれはと思う記事がなかったらやらなくてもいいし、1週間に1枚でもいい。大事なのは切り取った記事の数ではなくて、継続です。

エミン　最初は、自分が興味を持っている業界や企業の記事だけを切り取るだけでもかまいません。それだけでも新聞を漠然《ばくぜん》と読み飛ばしているのとは異なり、理解度が段違いに高まります。切り取った記事をあとで読み返してみることで、さらに理解度が深まっていきます。自分の興味から始めたほうが長続きします。

渡部　継続を勧めるのは、いろいろな発見をすることができるからです。読み返してみると、一見するとまったく関係のない記事がつながっていたことがわかったり、ある業界の業績が別の業界に波及していたりというような発見がある。そこからこの銘柄とあの銘柄が実は連動していたというような、株式投資で大事な情報に気づくことも多い。

エミン　それに記事を切り取っていないと、忘れてしまいます。毎日たくさんの情報が入ってきますから、すぐに過去のニュースとなってしまいますし、直近のニュースに引っ張られて、株式投資で大事な過去の情報が記憶から抜け落ちてしまいます。

渡部　2019年8月にアメリカの経営者団体の「ビジネス・ラウンドテーブル」がこれ

までの「株主第一主義」を見直すことを宣言したニュースを紹介しました。私は、このニュースは非常に重要だと思っています。今後の株式の大転換になるとさえ思っています。しかしほとんどの人は旧来の考え方が染《し》みついているので、このニュースを忘れてしまいます。そうならないようにするためにも、私は自分で重要だなと思った記事は切り抜いて、機会があるごとに見直しています。

エミン　記事は切り取るだけでなく、あとで読み返していくこと。これが大切です。

相場感を養うための「指標ノート」をつくろう

渡部　私は株式投資の参考にするために「指標ノート」というものを毎日、記入しています。それは日経平均、ＴＯＰＩＸ、ＪＡＳＤＡＱという日本の相場と、ニューヨークダウ、ＳＰ５００、ＮＡＳＤＡＱというアメリカの相場、それぞれのその日の終値と前日との増減値を書き入れ、さらに国債の利回りや為替などを記入し、必ずコメントを書き添えています。日本やアメリカの株式の数値はどの日のものでもインターネットからダウンロードしようと思えばすぐにできますが、私はわざわざ手で書き出しています。

エミン　記事の切り取りと同じで、自分で書き写すことで、毎日の相場の動きを実感できます。

渡部　相場の数字のあとに付けるコメントも手書きで記入しています。それはその日に起こった相場に関係する重要なことを短くまとめたものを書いています。だいたいは、その日の日経新聞とかの見出しを書くケースが多い。コメントの手書き作業で、日経平均などの数値とともに、毎日の相場観が養われると思っています。

エミン　毎日続けていくことで、相場の流れというか、全体像がわかってくる手がかりになる。一見するとまったく関係のないことが、実はつながっていたことがわかったり、相場の転換点がここだったのかというのがわかったりします。

渡部　過去にも同じようなことがあったので、今回もこうなるだろうという予測ができるようにもなります。

エミン　コメント欄に日経新聞の見出しを書くのも、数多いニュースの中からそれを選んだという行為自体に意味があります。選ぶためにはほかの記事と読み比べなければなりませんし、何よりもそこに何が書かれているのかを理解しなければ選ぶことができませんから。

渡部　記事を理解するという意味で言うと、その記事に書かれている内容を簡潔にまとめることも重要です。もちろん、簡潔にまとめたものが見出しになっているのですが、自分で見出しをつけるつもりになって簡潔にまとめてみる。まとめる癖をつけていく。牛丼の「吉野屋」のキャッチフレーズに「うまい、やすい、はやい」というのがありますが、あれぐらい簡潔にまとめることを心がけていくと、記事の内容を素早く理解できるようになります。

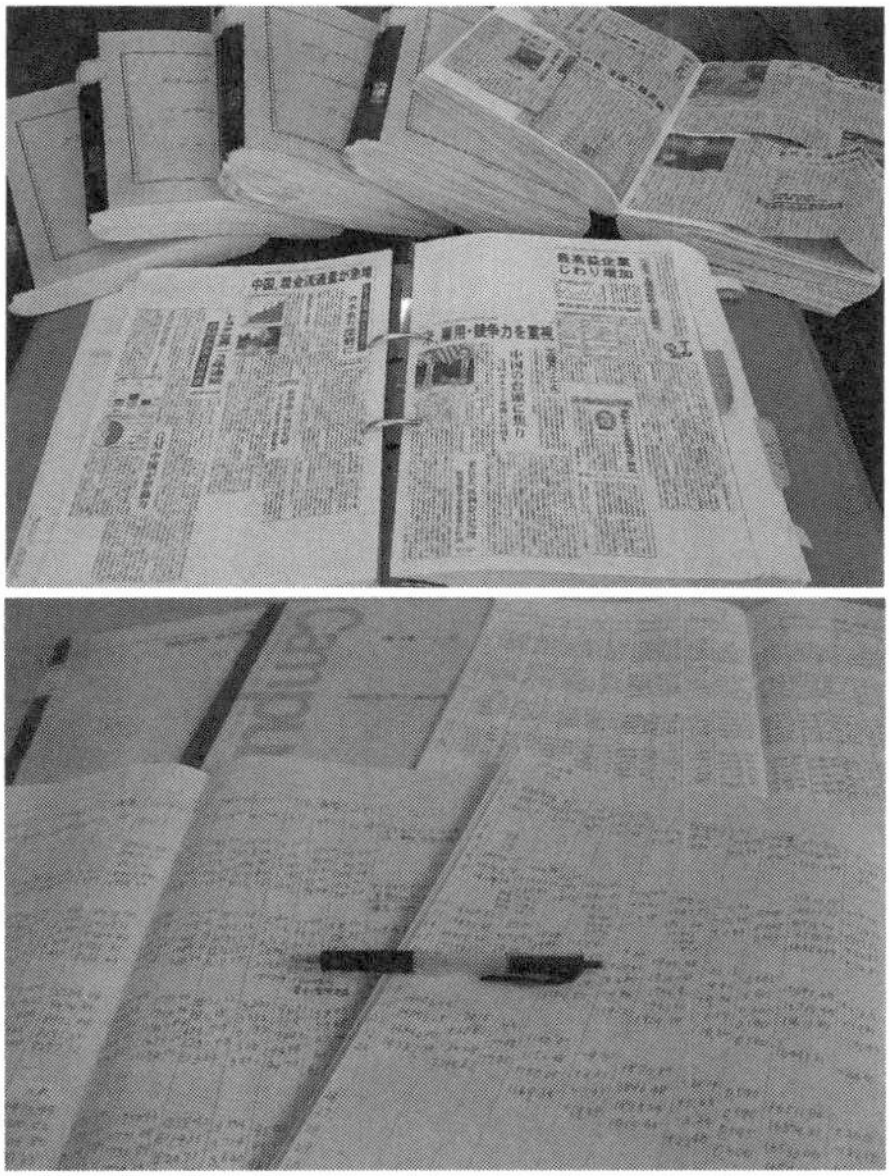
著者・渡部清二の新聞の切り抜きと「指標ノート」

エミン　私と渡部さんは『複眼経済塾』という投資のスクールを開催していて、常に塾生たちと投資について語り合っています。塾生たちの中にはその日の新聞記事の内容をまとめたものを毎朝、みんなに送ってくれる人たちがいます。それはまさに、新聞の記事を簡潔にまとめるトレーニングをしているのと同じです。そういう塾生は投資実績が断トツにいいのです。

渡部　それは投資家としてのメンタルトレーニングができているということです。ですから、それが活かされて株式投資でも良い成績を上げることができるのです。

エミン　逆に言えば、新聞を読むだけでも投資実績を上げることができるということです。新聞は誰でも買えるし、あとは新聞の読み方を覚えてちょっとした努力をすればいい。

渡部　自分だけで読むのではなくて、会社の人や仲間と読み合わせをしてみるのもいいかもしれません。「今朝の新聞にこんな記事が載っていたけど、どう思う?」と聞いてみて、自分の意見と比べてみる。そうすることでより理解度が深まるし、他人の意見を聞くことで新たな視点から記事を読む解くことができるようにもなる。

エミン　こういう新聞の読み方ができる人は、仕事でもたぶん成功できる人ですよね。

第五章
株式投資に夢とロマンを求める

株自体に感情はない

渡部　今回のコロナ過は、そう簡単におさまりそうにありません。世界各国が先を争ってワクチン開発をしていますが、先のことはわかりません。

エミン　ワクチンが開発されたとしても、コロナとの共存の世界になっていく可能性が高い。しかし、今回のコロナ禍の中で株式投資を考えたとき、これは大きなチャンスです。これほど世界各国が財政出動をし、経済を回すために市場にお金を投入したことは初めてです。世界は大きく変わろうとしています。これは投資家にとってはビッグチャンスです。

渡部　たしかに経済だけを見れば、世界経済はリーマン・ショックを上回る戦後最悪のマイナス成長を記録するほどの大打撃を受けており、各企業の業績も軒並み赤字。この惨状を見れば絶望感しか抱かないかもしれません。しかし、株式市場に目を転じれば、多少の上げ下げはあるものの株価は上昇傾向にあると言っていい。それはどうしてなのか？

エミン　社会が混乱し、大きな転換期を迎えようとしているとき、株価は上がります。例えば、戦争などはその最たる例ですが、過去の相場を見てみると、戦争は株価の上昇要因になっています。

渡部　日本の株式市場を見てみると、株価が大きく上昇する大相場が10年ごとに起こっています。そのすべての起点は戦争でした。つまり、1894年の日清戦争、1904年の日露戦争、1914年の第一次世界大戦。戦後においても1950年に朝鮮戦争が起こったことで日本の株式市場は上昇に転じ、その2年7カ月後には日経平均株価が5・6倍にも跳ね上がりました。

エミン　戦争になれば、たくさんの人が亡くなります。悲惨なことなのですが、株価はそんな感情には左右されないで上がっていきます。今回のコロナ禍でもたくさんの人が感染し、生死の境をさまよい、多くの人が亡くなりました。それを思うと心が痛みますが、そんなセンチメンタルな気持ちに関係なく、株価は上昇していくでしょう。株はわれわれの感情に左右されません。株自体に感情はないのです。

渡部　今ではなく、先行き良くなるのか悪くなるのか、そういう観点でしか株価は動きません。

エミン　株式投資の世界は冷酷です。例えば、会社の経営を立て直すためにリストラを断行するようなことがあります。突然リストラを宣告された人の立場になれば、同情するしかありません。しかし、リストラを断行したことで会社の経営が良くなると市場が判断すれば、株価は上がっていきます。

渡部　株式投資の世界では、「減収増益」のときが一番の買いのタイミングです。減収増益というのは、その会社の製品は売れず売上が減っても、それ以上にコストカットが効《き》いて利益が増えているということであり、その背景にあるのはリストラだったり、給与カットだったりします。社員から見たら辛いことが行われています。しかし株式投資ではそんな社員の思惑など関係なく、その会社はこれから業績が良くなるだろうと買いになります。

エミン　繰り返しになりますが、株自体には感情がありません。戦争でも上がるし、今回のコロナ禍でも上がる。特に今回のコロナ禍は戦争と同じぐらいのインパクトがあることは確かで、これまでの生活様式がガラリと変わってしまう可能性もある。今までのように気軽に外出できなくなりましたし、マスクが必需品となった。海外にも気軽に行けなくなりました。

渡部　これまでの生活様式が変わるということは、私たちのマインドも変わっていかなければいけないということです。今までの考え方では通用しなくなります。

エミン　だからこそ、こういう変革のときは、株式投資でもこれまでの考え方を変えていかなくてはいけません。逆に言えば、投資家が考え方を変えることができれば、今回のコロナ禍は大きなチャンスになるし、ウィズコロナの社会において株式投資で成功することができるのです。

デフレマインドからの脱却

渡部　世の中が丸々変わってしまうときには、そこに新しい需要が生まれます。例えば、それまでブラウン管だったテレビが一斉に液晶テレビに買い替えられたのは、２０１１年に地上波テレビがアナログ放送からデジタル放送に変わったときです。マーケットで見た場合、それまで液晶テレビのマーケットはゼロに近かった。ところがデジタル放送に変わるという大変革が起こると、ブラウン管テレビがマーケットで0になり、液晶テレビがマーケットを占領しました。これまで最下位だったものが突然トップに入れ替わるということが起こりました。

エミン　新冷戦もこれまでの世界のあり方が変わろうとする変革時であり、ブラウン管テレビから液晶テレビへの変化とは比較にならないくらい強力な大転換が起こる可能性が高い。しかしそこを見誤って、いつまでも同じような価値観で、同じような考え方をしていては、チャンスを逃がしてしまいます。

渡部　まずこれまでのデフレマインドからは、すぐにでも脱却しなければいけません。それはお金の流れをどう見るかということです。例えば、同じ商品でもそれを日本で製造しているのなら、その売上げはすべて日本に還元されます。しかし中国で生産されたものなら、売上げの大半が中国に行ってしまいます。ですから、その製品がどんなに売れたとしても、ほとんどのお金は日本に還流《かんりゅう》してきません。そうなると、日本人の給料がどんどん減っていき、生活が苦しくなります。生活が苦しくなるから、いっそう安い海外製品を買うことになり、ますますお金が海外に流出して、日本にお金が戻ってこなくなります。

エミン　自分で自分を苦しめているということです。安ければなんでもいいや、となると、結局は自分が苦しくなる。

渡部　それがこれまでのデフレの構図です。ですから、物を買う際も、こういうお金の流れを意識していくと、ただ価格が安ければいいというようなことにはならなくなります。

デフレマインドから脱却するためには、お金の流れを考えて、これまでの自分の消費行動を変えていくことが必要なのです。これは株式投資でも同じです。銘柄を見るときに、単に株価が安いほうがいいとか、株価の上げ下げだけで見ているようでは、先を見通すことはできません。その企業のお金の流れはどうなっているのか、根本的なことを見極めていくことが株式投資の第一歩なのです。

エミン　これまでのようなデフレマインドで株式投資を考えてはいけないということです。社会の変革時には、今まで以上に柔軟な発想が必要になってきます。

渡部　のちほど詳しく説明しますが、これからの企業は、株主重視のコミュニティを重視するステークホルダーの考え方に転換していくことが予想されます。それに合わせて投資家も自分だけの利益を考えるのではなく、他《た》の利益も一緒に考えてみる。つまり「利他」という考え方に変えていかないと社会から取り残されてしまいます。これからの時代は企業自体も今までのやり方では通用しなくなっていくでしょうし、企業も変革のときを迎えているのですから、投資家もそれに合わせて考え方を変えていく必要があるのです。

株式投資は金儲けの手段なのか

エミン　今回のコロナ禍は、このステークホルダー重視の流れを加速させます。渡部さんは自分の儲けばかり考えないで、他の人の利益を考えないといけないと述べられましたが、これは今までとはまったく１８０度違う逆転の発想です。これまでは「自分の儲けさえ考えていれば、それでいい」という強欲資本主義みたいな考え方に、私たちは毒され過ぎてきました。

渡部　コロナ禍以前は株を買うのも自分が儲かるためという理由がほとんどでした。２０１９年に、金融庁が老後の資金には２０００万円足らないということを公表して問題になりました。そのとき金融庁が言いたかったのは、「だからその２０００万円を株式投資などで自分で儲けなさい」ということでした。国が先導して、株式投資で儲けろと言っているぐらいですから、国民が株式投資はお金を儲けるためにするんだという考えに洗脳されてしまうのは当たり前です。しかし、自分だけの儲けを考えていたら、これからの株式投資は失敗します。本来、株式投資というのは、その銘柄を買うことで、その企業を応援するということなんです。その結果、その企業が大きくなって利益が出たら、株主配当や株価の上昇という形で利益が還元される。それなのに配当金が高いからその株を買うとか、単に株価が上がりそうだから株を買うという発想は、本来順序がまったく逆なのです。

エミン　単に目先の利益だけを考えていると、株式投資の大きな面白さや楽しさを見失ってしまいます。株を儲けるための手段としか考えられないような人は、リスクを取ろうともしないし、何よりも勉強をしない。

渡部　私は神社の参拝にたとえるのですが、何かお願い事があったときにお賽銭をいくらあげるのか。ご縁がありますようにということで5円をあげたり、10円硬貨や100円玉一枚だったりということが多いようですが、神様の立場で考えたら、「そんな少ないお金で、何を都合のいいことを言ってるんだ」ということになります。

これと同じで株式投資をするときも、自分の都合だけで考えないで、それなりのリスクを負わなければいけないし、それなりの時間とお金を使って投資の勉強をする必要があります。すぐに利益を出したいとか、そういう人はそもそも株式投資には向いていないし、失敗するケースが多い。

エミン　残念ながら、実際には目先の利益だけを考えている人が多いことも事実。なかなか考え方を変えることは難しい。しかし、だからこそ一度立ち止まって考えてほしい。

渡部　そういった意味でも今回のコロナ禍は、これまでの自分の考え方を見直すいいチャンスです。コロナ禍を契機にして、自分はなぜ株式投資をしようと思っているのか、もう一度考え直してみるべきです。

ストーリーが崩れたらすぐに「損切り」

エミン　メディアが正しい投資の手法を伝えないので、新しく投資を始める人の中に短期間のトレードで儲けようとしている人たちが実に多い。デイトレ（デイトレーダー）がその代表例です。しかし、素人がデイトレをしようなどと考えるべきではないし、初心者には向きません。

渡部　たしかに、デイトレで大儲けをしている人はいます。しかし、そういう才能を持ち合わせているのは何万人のうちの一人でしかありません。

エミン　もちろん、株式投資には短期的なものと長期的なものがあります。例えば今回のコロナ禍で、マスクが品薄になって高額で取引されるようなことが起きました。これは短期的な話で、家庭内でも消毒液を使用するなどの今後の生活様式の変化とか、リモートワークが増えていくだろうというような働き方の変化は、長期的な話ということになります。これと同じように株式投資を行う際にも、その会社の業績が短期的なものか中長期的なものなのか、それを見極めていく必要が出てきます。しかし、それはデイトレで大儲けしようとすることとは根本的に違います。

渡部　私たちは何もやみくもにデイトレを否定しているのでも、株式投資は中長期的に考えるべきだと言っているのでもありません。私たちが重視しているのは、「自分のストーリーを組み立てて、その中で株を売買していくべきだ」ということなのです。自分のストーリーとは何かといえば、それはその会社の株を買う理由です。

エミン　自分のストーリーはいろいろあるし、人それぞれでいい。例えば「この会社はこういった良い面があるので、必ず業績が上がり、株価も上がる」という人もいれば、投資スタイルとして株価だけでなく、自分は株主優待を楽しみにして株を購入しているという人もいる。自分はその会社を単純に好きだから株を購入しているという人もいます。銀行に預けていても利息がないに等しいので、株に投資してその配当金を利子代わりにするという人がいてもいい。問題なのは、最初に立てた自分のストーリーを無視してしまうことなんです。

渡部　株価の上げ下げばかりに目が奪われてしまうと、自分が立てたストーリーを忘れてしまいがちになります。

エミン　もちろん、短期で儲けたいというのが自分の投資スタイルでもかまいません。しかし、それならそれで徹底すべきであって、短期のつもりで株を買ったけれど、株価が下がって含み損になったから売るに売れなくなり、その結果、いつまでもその株を持っているというのでは駄目なのです。短期で上がると思ってその株を買ったのですから、短期で上がらないとわかった時点で、その株をすぐに売らなければならない。短期で上がるという自分のストーリーが崩れたのですから、いつまでも未練たらしく、その株に固執するべきではありません。

渡部　例えば、「この会社の、この製品が売れる」というストーリーを立てて株を買った場合、その製品の売れ行きが悪くなれば、もう売りです。買った値段よりも安くなった株を売ることを「損切り」と言いますが、株式投資の世界では、損失を最少にするための大事な方法だとされています。この損切りをすることができず、株価が安くなりすぎて、いつまでも売ることができなくなり、結果的に、いわゆる〝塩漬け〟という状態になり結果的に大損してしまう投資家が本当に多い。しかし、自分のストーリーを組み立てて、そのストーリーとは異なったことが起こったらすぐに損切りをすることを覚えれば、損失は最小限に抑えられます。

エミン　自分のストーリーさえしっかり持っていれば、損切りすることは簡単です。

渡部　株式投資に「決算プレー」という売買方法があります。それはその会社の決算が良さそうだと思ったら、決算の発表の前日あたりにその会社の株を買って、決算の発表が良ければ株価が上がるので、それで儲けようとする方法のことです。しかし、こちらの想定と異なり、決算が悪くて株価が下がることがけっこうある。そんなときも、決算が良いだろうと想定して、それで儲けようというストーリーを立てたのは自分なのですから、そのストーリーが崩れたらすぐに売却するべきなのです。悪いのはそんな間違ったストーリーを立てた自分であって、誰のせいでもないんですから。

エミン　株式投資で大事なのは、株価でもなく期間でもなく、当初立てたストーリーだということです。だからこそ株式投資を始めるときは、まず自分でストーリーを組み立ててみる。そして、そのストーリーを組み立てる材料として、私たちがこれまで語ってきたような『会社四季報』や『日経新聞』を利用するのです。

他人の意見はすべてポジショントーク

渡部　自分のストーリーを組み立てるときに気をつけなければならないのは、それを決めるのは自分だということです。他人の意見を聞くのもいいですが、最終的に決めるのは自分だということです。

エミン　自分で決めたはずなのに、思うような結果にならないと、すぐに他人のせいにする人が本当に多い。

渡部　これも結局マインドを変えていくしかありません。今回のコロナ禍でも何でも政府のせいにする人がいますが、かかるかかからないかも含めて自分の責任で自分や家族の身を守っていくしかありません。

エミン　何でも他人のせいにする人は、株だろうと事業だろうと、結局は失敗します。

渡部　とは言いながら、株の場合はいろいろな人がさまざまなことを言うので、惑わされてしまいます。ネットで検索すれば、この株は上がるとか上がらないとか、好き勝手なことが書いてありますし、証券会社に口座をつくれば、証券会社から山のように情報が送られてきます。しかしそんな他人の意見は雑音だと思って、あまり気にしないことです。

エミン　私たち専門家を含めて、他人が言っていることはすべてポジショントークだと思ったほうがいい。つまり、バイアスがかかっているということ。例えば、証券会社のアナリストというのは、いわゆる買いのバイアスがかかっているので、基本的にネガティブなことは言いません。証券会社としてはできるだけたくさんの人に株を買ってもらいたいからです。しかしそういうバイアスがかかっていることを理解したうえで、証券会社のアナリストの意見を聞いていれば、それはそれで一つの情報となります。

渡部　要は、本質はどこにあるのかということです。その情報は何を根拠にしているのか。または、この人はこういうバイアスがかかっているからこういう意見を言っているのであり、本質はまた別のところにあるというようなことを考えながら他人の意見を聞くべきです。同じ材料でも視点が変わればまったく別のものになります。ですから、この情報の本質はどこにあるのか、それを探りながら他人の意見を聞いていくことが大切なのです。

エミン　さらに言うなら、他人が付けた値段なんてどうでもいいのです。問題はその物の本質的な価値をどうやって見抜くか。これは結局、ビジネスでも株式投資の世界でも同じで、見る目があって、その本質的な価値を計る能力があれば、どんな世界でも成功します。特に株式投資の場合は、他人が付けた価値が本来の価値より安ければ買いだし、高ければ売りということになるだけ。とてもシンプルな話です。

渡部　多くの企業は、ＩＲ活動といって、投資家に向けて経営状況や財務状況などの情報を発信する活動を行っていますが、これもポジショントークの一つです。つまり、その企業は投資家からの評価を得たいためにＩＲ活動を行っているわけで、自分の会社の評価が下がるようなことはけっして言いません。そう思って見ていかないと、やっぱり本質的なものを見逃してしまいます。

エミン　結局、人間でも同じですが、自分が能力以上に評価されているか、それとも能力よりも下に評価されているかを考えたとき、自分の能力と同じようには評価されないのが普通です。ですから自分が能力以上に評価されているのであれば、それに合うように頑張らなくてはいけないし、能力以下に評価されているなら自分の評価を上げるように頑張らなくてはいけない。企業も同じで、その企業の価値が市場でどう判断されているか。そしてそのうえでその企業はさらなる努力をしているのか、していないのか。ＩＲ活動を見るときは、そういう企業努力を見ていく必要があります。それがひいては、その企業の本質的な価値がどこにあるのかということにもつながっていきます。

渡部　しかし、そういう本質を見抜く力というのは、結局は自分で養っていくしかありません。他人の意見をそのまま鵜呑みにしたり、他人の意見にすぐに影響を受けたりするようでは、いつまで経っても本質を見抜く力を養うことはできません。ですから自分で考えろということなんです。自分で考えて決断することで、ときには失敗することもあるでしょうが、そうやって勉強をしていくしか本質を見抜く力は養えません。

株式市場は非効率的、本質的な価値を考える

エミン　世の中というのは、１００パーセント効率的に動いているわけではありません。特に株式市場というのは常に非効率な世界で、本質的な価値があるから株価が高いというわけではありません。だからこそ本質的な価値を見抜く力が必要なのです。例えば、「ネッ

トフリックス（Ｎｅｔｆｌｉｘ）」という会社は映画やテレビ番組をインターネット配信しているアメリカの企業です。日本にも進出していて、今回のコロナ禍でも自宅にいる時間が増えたので、ネットフリックスの利用が増加しました。株価も上昇傾向にあります。

エミン　時価総額も約24兆円です。これに対して「ソニー」の時価総額は半分以下の約10兆円。この数字だけを見れば、ネットフリックスのほうが会社としては評価されていることがわかります。しかしよく考えてみると、ソニーはプレイステーションを開発してゲーム事業に参入し、アメリカの6大映画会社の一つであるコロンビア・ピクチャーズを抱えたソニー・ピクチャーズを子会社に持ち、さらにエンタテイメント部門を統合してソニーミュージックグループを設立しています。ソニーという会社の中にはネットフリックスと同じようなものが丸々入っているわけです。しかも、その売上高を見てもネットフリックスとあまり変わりません。

渡部　それなのに時価総額で見た場合、ネットフリックスがソニーの倍です。

エミン　理屈から言えば、とてもおかしなことなんです。ソニーはそれ以外のいろいろな事業でも利益を出しています。それなのに株式市場ではネットフリックスのほうが評価されています。

渡部　本質を見抜くということは、こういう株式市場の非効率性というものの本質も見るということです。本質だけを見ればソニーのほうがネットフリックスより上になっていなければならないのに、実際にはそうなっていません。それはソニーよりもネットフリックスの成長率のほうが高いと市場が判断しているからかもしれませんが、本質的な意味で言えば、いずれはソニーがネットフリックスを抜くだろうと考えることができます。

エミン　現在からは想像もできませんが、ソニーはかつて時価総額があの「アップル」よりも高かった時代がありました。ですから、ソニーがネットフリックスを超える可能性はゼロではありません。ソニーはネットフリックスを抜くだろうと考えて、今からソニーの株を購入することもまた一つの投資方法です。

渡部　それは、ソニーがネットフリックスを抜くだろうというストーリーを自分で組み立てたということです。時価総額を見ればネットフリックスのほうが倍以上ですが、企業の中身を分析してみたらソニーはネットフリックスより劣っているとは思えない。ですから、いずれはネットフリックスを超える株価になるはずだというストーリーを組み立て、そのうえでソニーの株を買う。

エミン　それは、ソニーという会社を応援したいという気持ちで株を購入することでもある。市場から正統に評価されていないんだったら、自分が応援してやるというように。これもまた投資スタイルの一つです。

自分のディズニーランドを探す

エミン　例えば、ディズニーランドが好きだから株価は気にせずにディズニーランドを運営する「オリエンタルランド」を応援し、株を買うという人は立派な投資家です。

渡部　その会社を応援するというのは投資の基本であり、投資の原点です。

エミン　ディズニーランドが好きなら、たとえ株価が下がろうと上がろうとあまり気にしません。優待もあるし、何よりもディズニーランドに遊びに行ったときに、自分がこのディズニーランドを支えている一人だと考えると誇らしくさえ思えてきます。

渡部　株を持つことで、その会社を愛《いと》おしくさえ感じてしまうというのは、まさに投資の原点です。しかし、逆にその愛おしさがなくなったときは、その会社の株は早く売ったほうがいい。

エミン　愛おしさがなくなったということは、その会社を応援する理由がなくなったということです。

渡部　自分が好きだったものが嫌いになったということは、投資の世界ではとても大事なことで、それはその会社に何かイヤな変化が起きたということでもあるからです。ですから、もしも「あれ？」という気づきを感じたら、その会社の株は早く売ったほうがいい。案の定、その直後に株価が暴落するというようなことがよくあります。それはその人がその会社を好きだからこそわかる感覚で、投資家として非常に大切なことです。

エミン　みんな、自分なりのディズニーランドを持てばいいんですよ。例えば、アマゾンから何かを買ったときにダンボールで梱包されてきますが、そのダンボールは猫からすればディズニーランドに見えるらしくて、本当に楽しそうにダンボールとじゃれ合っている。こちらから見ればただのダンボールですが、猫から見れば違う。世の中にはこれと同じようなことが山ほどある。他人から見たらただのつまらないものでも、自分にとってはまさにディズニーランド。そういう自分なりのディズニーランドを見つけて、その会社の株を買うことで応援する。それが一番お勧めの投資の仕方だと思います。

渡部　自分なりのディズニーランドは何も特別のものでなくてもいい。自分の身の回りにある些細《ささい》な物でもいいし、自分の趣味に関係する物でもいい。自分の身の回りにある物は、ほとんどが上場会社に関係しています。そのなかから自分なりのディズニーランドを見つけて応援するようにする。よくわかりもしないハイテク株をほかの人がいいと言っているからという理由だけで買うのはやめたほうがいい。

エミン　私たちはもっと自由に考えていいのです。投資を仕事としている人なら別ですが、もしもそうでなければ、何も今すぐ儲けなければならないというわけでもありませんし、それこそ機械でもないのですから、こうなれば必ずこうしなければならないというわけでもありません。昔、私の知り合いの人に株をやりたいから何を買ったらいいのか教えてくれと言われて、とある会社を教えたことがありました。しばらくしてその会社の株価を見てみたら下がりっぱなし。心配になって連絡してみたら、「満足しています」って逆に感謝されました。その株は5％ぐらいの配当金を出していたんです。10年は持っていましたから、その時点でほとんどもとは取れていた。しかも、これからも配当金を受け取ることができるので、その人は満足してくれていたんです。

渡部　エミンが教えた株がその人の投資スタイルに合っていたのです。もしもその人の投資スタイルがすぐに儲かる株を買うことだったとしたら、エミンは怒られていた（笑）。

エミン　いかに投資スタイルが大事かということです。自分の投資スタイルによって売買する銘柄も変わってくるわけですから。

渡部　何度も言いますが、自分の投資スタイルやストーリーは何かということを考える必要がある。そのうえで、じっくりと株を選んでいけばいい。それこそエミンが言うように自分なりのディズニーランドを見つけて、そこに投資していく。

エミン　もしも自分なりのディズニーランドを見つけることができないなら、見つけるまで休んでいてもいい。何も無理して株を買う必要はないのですから。もちろん、自分なりのディズニーランドを見つけたら、『会社四季報』などでこれまでの業績や今後の業績、株価の動きなどをチェックする必要はありますが、基本的に株式投資はそんなに小難しく考えないで、もっと自由に、もっとおおらかな気持ちでのぞむべきです。

株式投資に夢とロマンを求める

渡部　ちなみに私たちの投資スタイルは何かというと、夢とロマン。具体的に言えば、テンバガーを探すこと。つまり、今より株価が10倍上がる銘柄を見つけることです。

エミン　これまでもテンバガーはたくさんありました。「ソフトバンクグループ」や「ファーストリテイリング」「キーエンス」「アルバック」……。こういうテンバガーは今も必ず隠れています。それをいかに見つけるか。テンバガーと言っていますが、10年後には50倍、100倍になるかもしれない、そういう銘柄を探すことが夢とロマン。

エミン　すでに述べたように過去のテンバガーを調べてみると、5つの共通点があります。私たちはずっとテンバガーを探す研究をしている。

渡部　おさらいになりますが、5つの共通点とは「上場時期がここ5年以内」「オーナー社長のオーナー企業」「時価総額が300億円未満」「増収率が高い」「株価のチャートが大きく下がって、底打ちになっている」の5つ。もっと簡単に言いますと、中小型の成長株で、業績が拡大している企業の株です。しかし、この5つの共通点すべてが当てはまっているから、その銘柄が必ず10倍に値上がりするかというと、そう簡単なことではありません。

エミン　それが株式投資の難しさでもあり面白いところ。もしも、ただ単に儲けたいというのであれば、時価総額が1000億円以上もある大型株を購入してもいい。今後、日本の株価は上昇し、日経平均が30万円以上になると予想していますので、大型株も上がります。しかし単に上がるだけなら日経平均に連動した投信を買っても同じです。私たちが中小型株と言っているのは、現在は株価が安いけれども、将来成長して大型株の何倍も上がるテンバガーを見つけることに「夢とロマン」を感じるからなのです。実際に株を購入するときは、テンバガーの5つの共通点を参考にして、そこにいろいろな分析を加えていき、これはこういうカタリストなどの理由があって株価が10倍になるだろうというストーリーを立てたうえで、その銘柄を購入していきます。

渡部　そして、自分の立てたストーリーの通りになっていけば株価は上がっていくし、もしも途中で自分が立てたストーリーが崩れたときは、たとえその時点で株価が上がっていたとしても、すぐに売却します。例えば、こういうカタリストがあると思っていたのにそのカタリストが消えてしまったときとか、期待していた経営方針とは違った方向にその会社が転換してしまったときとか。

エミン　ですから購入した株を予定よりも早く売ってしまうこともありますし、反対にこちらが思った以上に成長をとげて2年か3年で10倍以上の値を付けることもある。

渡部　大事なのは、自分が立てたストーリーであり、株価や期間ではないということです。

エミン　『複眼経済塾』では塾のお金で実際に株も運用していて、そのポートフォリオも公開しています。今年の9月で4年と1カ月経ちました。2020年9月16日時点のパフォーマンスはプラス120％になっています。つまり、4年間で運用資金が2・2倍になりました。同じ期間の日経平均の上昇率はプラス40％ぐらいですから、私たちのほうがはるかにいい成績をあげています。しかし目指しているのは目先の利益ではなく、あくまでもテンバガーを探すことです。利益はその結果でしかないと考えています。

渡部　この4年間の日経平均の上昇率がプラス40％ぐらいだったということは、ただ単純に日本の主だった株を買っていても、儲けが出ていたということになります。今後も日本株は上がり続け、ますます儲けが増えるかもしれません。資産を持っている投資家の中には何億と儲ける人も出てくるかもしれません。しかし、ただ闇雲に株を購入した結果、大儲けをしても、それは単に運が良かっただけでしかありません。単に儲かる儲からないだけで判断するのなら、それは宝くじと変わりません。そもそも、そんなやり方は投資とは言えない。ギャンブルです。

エミン　ギャンブルはすぐに結果を求めようと焦れば手元の資金がなくなって、下手をすれば借金までしてしまうことにもなります。最悪の場合、破産するかもしれない。それに対して私たちが目指しているのは、あくまでもテンバガーを探すという夢とロマン。すぐには大儲けはできないかもしれませんが、組み立てたストーリー通りになれば、10年後、20年後、30年後にはそれなりの資産が増えていることになる。それでいいんです。それが私たちの夢とロマンなのですから。

テクニカル分析は重視しない

渡部　株式投資をする一つの判断材料として、いわゆるテクニカル分析やファンダメンタル分析を重視する人も多い。

エミン　テクニカル分析というのは過去の株価の動きから今後の値動きを予測する分析方法で、ファンダメンタル分析とは企業の財務状況や業績をもとに割安や割高な銘柄を分析する方法のことです。

渡部　ファンダメンタル分析のときに使用されるのがＰＥＲ（株価収益率）やＰＢＲ（株価純資産倍率）といった指標です。これは一つの指標であることには間違いありませんが、今後の株価を予想するための判断材料とする際には、重視するべきではないと考えています。さらに、テクニカル分析のときに使用されるのが株価のチャートから算出される「移動平均線」や、現在の株価が売られ過ぎか買われ過ぎかを表す「ＲＳＩ」などです。しかしこれも一つの指標でしかなく、株式投資をするときにあまり重点を置くべきではありません。

エミン　特に「移動平均線」には長期と短期の2種類があり、短期移動線が長期移動線を下から上に突き抜けると、株価が上昇していくと言われています。それを「ゴールデンクロス」といい、逆に上から下に突き抜けることを「デッドクロス」といって、株価が下落していく目安とされています。

渡部　そのほかにもいろいろなことが言われていて、体系立てて分析する方法が考えられています。これらは哲学的なところもあり、ものすごく奥が深い。証券アナリストのような専門家でも本当の意味で理解しているかというと怪しいぐらいです。まして株式投資の初心者や素人が理解できるかというと疑問符が付きます。一般の人向けにテクニカル分析の本も発行されていますが、それはわかりやすくするためにほんの一部分を取り出しているだけの継《つ》ぎ接《は》ぎだらけの内容に過ぎません。ですから簡単に手を出すべきではないし、知った気になっていると逆に危険だとさえ言えます。

エミン　テクニカル分析というのは、簡単に言えば確率論です。つまり、こういうケースではこうなっていく確率が何パーセントだと言っているだけで、100%必ずそうなると言っているわけではありません。そういうことを理解したうえで参考にするのはいいのですが……。それに、もしもテクニカル分析が確かなものだとしたら、それをパターン化してAI（人工知能）に任せればいい。そうすれば株で大儲けができる。しかし相場というのはそう簡単なものではありません。相場というのは合理的に動いているわけでも規則的に動いているものでもありません。非効率でさえある。それはなぜかというと、相場というのは人の思いが詰まっているから。この株は上がるだろう下がるだろうという参加者の思いが株価に反映しているからであり、その思いまでテクニカルに分析することはできません。ですから、テクニカル分析もファンダメンタル分析も、参考資料として使ってもいいのですが、それだけを頼りに株は買えません。

渡部　料理でいえば最後の味付けみたいなもので、テクニカル分析は主食にはなりえないということです。ですから株価のチャートを見るときでも、テクニカル分析がどうのこうのという前に、株価の動きが上に向かっているのか、下を向いているのか、そこがピークなのか底なのか、そういう大きなトレンドを見ることがまずは大事です。そこからどうしても気になるというなら、テクニカル分析の指標を見て、ちょっと確認するだけでいい。

エミン　テクニカル分析に惑わされる人が多いのですが、過信しないほうがいいということです。

株式市場は奇跡的なマーケット

渡部　テクニカル分析は江戸時代から存在する米相場において、その分析方法が研究され、戦前にはたくさんの研究本が出版されてきました。

エミン　当時はチャートではなくて「罫線《けいせん》」と言っていました。

渡部　罫線を見て今後の株価を分析することから、「罫線分析」とも呼んでいました。戦後に株式市場が再開し、散逸してしまった戦前の罫線分析の本を、一度まとめてつくり直そうという流れから、１９７８年に設立されたのが「日本テクニカルアナリスト協会」です。この協会の発起人で初代理事長を務めた岡本博先生は、野村證券の出身で私の師匠です。その岡本先生がおっしゃっていたのは、「テクニカル分析は20%ぐらいの気持ちで使え」ということでした。

エミン　テクニカルアナリスト協会をつくった本人がそう言っているんだから、それは確かですよね。

渡部　さらに言うと、私が野村證券に勤めていたとき、部下によく話したのは、株式というのは森羅万象を含んでいるんだということです。つまり、「株式とは全宇宙そのものなので、本当は誰にも理解できない。それをあたかも理解しているように振る舞うのは、おこがましいことで、ましてテクニカル分析だけで100%当てることなんて、できるわけがない」ということなのです。

エミン　相場とは人の思いが詰まっているものだと述べましたが、どうしてその銘柄を売りたいと思うのか、どうしてその銘柄を買いたいと思うのか、その思いまでを100%分析することは不可能だということです。

渡部　売りたい人がいて、買いたい人がいて、そこで値段が付くというのは、実は奇跡的なことかもしれません。株式市場とは奇跡的なマーケットなんです。

エミン　株というのは、売りたい人と買いたい人がいて、はじめて成り立つものであって、どちらかが欠けても成立しません。

渡部　それをわかっていない人が本当に多い。話がそれるかもしれませんが、「Ｙａｈｏｏ！ファイナンス」の掲示板なんかを見てみると、売り手や買い手がそれぞれを「バカだ」とか書いている。こんなことを言っている時点で、そういう人は投資家としての資格はありません。株が買えるのは売ってくれる人がいるからで、売れるのは買ってくれる人がいるから。相手のことを理解できないようなら株式投資はやるなと言いたい。

エミン　買ってくれてありがとう、売ってくれてありがとう、そのぐらいの気持ちを投資家なら持つべきだということですね。

「空売り」は投資ではなく投機

渡部　株式投資の方法に「空売り」もあります。これは信用取引といわれている取引の一つで、現物を持っていないのに、それを将来的に売る契約を結ぶことで、株価が下がると儲かる仕組みになっています。

エミン　空売りはしたい人はしてもいいと思いますが、これも、自分の投資スタイルを考えたうえでやらないと、大きく損をしてしまいます。

渡部　一般の株の売買のときは、その銘柄が割安だと思うときに買いますが、空売りの場合は、その銘柄が割高だと思うときに売ります。これもその人がこの銘柄は上げ過ぎだからこれからは下がっていくだろうというストーリーを組み立てることができるのならやってもいいのですが、何の考えもなしに空売りに参加するのは危険です。

エミン　ストーリーを立てておかないと、なかなか損切りできませんし、空売りの場合は、その銘柄が下がればいいのですが、もしもそうならず、損切りもできなかったら、どんどん損が大きくなっていくばかりです。

渡部　空売りと普通の株の売買とを比べたときに、どちらのリスクが高いかといえば、空売りです。逆にリターンが大きいのは普通の株の売買です。

エミン　空売りというのは、例えば１００万円からスタートして、その株価が最大に下がって０円になったとしても、その利益は１００万円にしかなりません。ところが普通の株の売買では、１００万円からスタートとして、株価が10倍になれば１０００万円になり、さらに上昇すれば上昇するだけ、理論上は無限大に儲けが増えていくことになります。逆に、空売りの損は無限大です。それなのにあえて空売りに手を出すというのは、それなりの儲けが出るという自信が必要ですし、それに伴うスキルとメンタルも必要だということです。

渡部 そもそも株価が下がることを願うというのは投資の精神に反しています。投資とはその会社を応援することなんですから、株価が下がることを願うというのは応援ではありません。真逆のことです。

エミン つまり、空売りは投資ではないということです。

渡部 空売りは投資ではなく投機です。

エミン それに株価が下がってほしいというのは、ネガティブな感情です。ネガティブな感情を抱いていると、自分のメンタルそのものまでがネガティブになってしまいます

渡部 空売りというのは人の不幸を喜んでしまうようなものですから。

エミン 「Ｙａｈｏｏ!ファイナンス」の掲示板では、空売りをしている人の意見は本当にひどい。それこそ世界が終わってほしいのかと思うようなことが書いてあったりします。株価が下がるようなネガティブなニュースが出ると喜んだりしている。そんなことばかりしていたら、人間としての心が壊れてしまいます

渡部 私が勤めていた野村證券がどうして現在のように大きくなったかというと、創業者

である野村徳七が空売りで成功したからという歴史もある。ただこれから株式投資を始めようとする人には、空売りはお勧めしません。

エミン　株を買うほうが楽しみは多いですから。

ウィズコロナの社会を先取りする

渡部　ウィズコロナの時代になり、投資家のスタイルは大きな変換を迫られています。例えば、高い配当金を楽しみにしているという投資スタイルは、今後はうまくいかなくなる可能性もあります。２０１９年８月にアメリカの主要企業の経営者で組織している団体「ビジネス・ラウンドテーブル」がこれまでの「株主第一主義」を見直して、従業員や地域社会などの利益を尊重した事業運営に取り組むことを宣言しました。この声明には、同団体の会長であるＪＰモルガン・チェースのダイモンＣＥＯ、アマゾンのベゾスＣＥＯ、ゼネラルモーターズのバーラＣＥＯなど１８１人の経営トップが名を連ねました。

エミン　「ビジネス・ラウンドテーブル」は１９７８年以降、定期的にコーポレートガバナンス（企業統治）原則を公表し、97年からは「企業は主に株主のために存在する」と主張してきました。

渡部　今回の宣言は米経済の根幹を成す「資本主義のかたち」を大きく見直すものです。株価上昇や配当増加など投資家の利益を優先してきた米国型の資本主義にとっては、大きな転換点となります。例えば、株主に対して配当金という形で利益還元を行ってきた今までのやり方を変更する、ということが起きるかもしれません。

エミン　会社のあり方がこれまでと変わってくるということですね。

渡部　アメリカでは機関投資家の力が強い。自分が投資した資本に対して、どれだけ利益をあげることができるかということが重要視され、配当性向、つまり、株主にどれだけ分配しているか、という指標ができたり、「ＲＯＥ（自己資本利益率）」という、株主から見た利益率みたいな投資指標が算出されたりしています。しかし、「株主第一主義」を見直すことを宣言したこれからの企業は、ＲＯＥをあまり気にしなくなるでしょうし、株主からの圧力を跳ね返して、株主に配当金を出すよりも従業員の給料を上げた方がいいということになるかもしれません。

エミン　今後は投資家側のスタンスも変わってくるかもしれません。投資家のほうから「そ

～新しい時代の流れとは～

◆ 米経済界「株主第一主義」見直し　従業員配慮を宣言（19/8/20日経新聞）
- 米主要企業の経営者団体ビジネス・ラウンドテーブルは「株主第一主義」を見直し、従業員や地域社会の利益を尊重した事業運営に取り組むと宣言した
- 株価上昇や配当増加など投資家の利益を優先してきた米国型の資本主義にとって大きな転換点となる
- 声明には同団体会長のJPモルガンCのダイモンCEO、アマゾンのベゾスCEO、GMのバーラCEOなど181人の経営トップが名を連ねたが
- 今回の宣言は米経済の根幹を成す「資本主義のかたち」を大きく見直すものだ
- 同団体は1978年以降、定期的にコーポレートガバナンス（企業統治）原則を公表し、97年からは「企業は主に株主のために存在する」と明記してきた
- 80年代から2000年前後に生まれたミレニアル世代の存在も行動原則の見直しにつながった。同世代の6割は「会社の主な目的を利益追求より社会貢献」と考えている。米経済界は優秀な人材の獲得や投資マネーの取り込みで同世代の影響力を無視できなくなっている
- 日本企業は近年、海外投資家から促される形で、株主重視経営への転換を迫られたが、全ての利害関係者の利益に配慮した経営は日本の経営者が長年、主張していた経営思想と重なる

⇒株主から見た収益性を測る「ROE」の考え方はなくなり、持続可能性である「サステナブル」という考え方が主流を占めるようになる⇒日本企業が注目される

んなに配当金を出しているんだったら従業員の給料に回せ」という声が出てきてもおかしくはありません。「従業員に利益を還元できないような会社なら株を売ってしまうぞ」という圧力をかける可能性もあります。今までと正反対のことですが、それほどまでに世の中が変わろうとしているということです。

渡部　ウィズコロナの時代は、これまでの延長線でものごとを考えていても駄目だということです。

エミン　これまで高額な配当金を出していた会社が、コロナ禍で業績が悪くなり配当金がなくなる可能性もあります。ある程度資産を持っている人が、銀行に預けているよりはいいという感覚で配当金目当てに株を買うのは、

戦略としてはありますが、少額の資金から始めて資産を増やそうとしているなら、渡部さんが説明してくれたとおり、今後は「株式第一主義」ではなくなるので、配当金目当ての株式投資のハードルは高まります。

渡部　別の言い方をすれば、「株式第一主義」からの転換というような社会の流れを見て投資する会社を選ばないと、これまでの配当金目当ての投資スタイルでは失敗するということです。さらにこれからのウィズコロナの社会の中で生き抜くためには、これまで以上に社会の流れを注意深く見ていく必要があります。「株は連想ゲームだ」とよく言われますが、株を購入する際にストーリーを組み立てるときも、これまで以上に柔軟な発想が必要になってきます。

エミン　だからこそ『会社四季報』や『日経新聞』などからいち早く企業や社会の変化に気づき、今後の流れを読むということが重要になってきます。

渡部　私がいつも話しているのは、半歩先をイメージすること。『会社四季報』や『日経新聞』などからいち早く企業や社会の変化に気づいたら、今後どんな展開になるか、半歩先をイメージしてみる。「風が吹けば桶屋が儲かる」ではありませんが、一見するとまったく関係がないと思われることがいろいろなところに影響が及んでいく。例えば、１８４８年頃にアメリカでゴールドラッシュが起きて、一攫千金を狙ってカリフォルニア州を流れる川から砂金を取ろうと人びとが殺到しました。このとき、砂金を探さないで大儲けした人たちがいました。その一人が砂金探しをする人たちの作業着としてジーンズを売ったリーバイ・ストラウス。のちに世界的なアパレルメーカーとなる「リーバイ・ストラウス社」の創業者です。

エミン　砂金で大儲けしようとしたのではなくて、砂金を探す人たちの作業着に目をつけたところがミソです。

渡部　株式投資の場合も、このリーバイのように少し視点を変えて先を読むことがいかに大切かということです。これからどんな社会になっていくか、半歩先をイメージすることで、株式投資の世界をバラ色に変えていくことができるのです。また、バラ色にしていかなければいけません。

株式投資で日本経済を応援

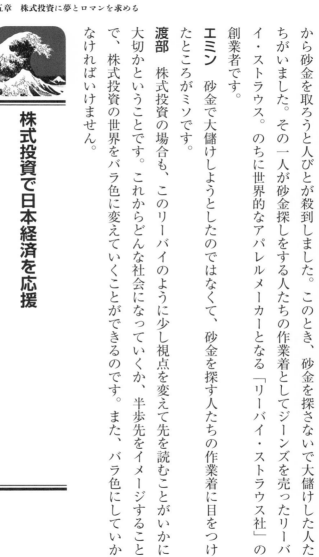

エミン　私と渡部さんとで今後の日本の株式市場や株式投資に参考になる『会社四季報』や『日経新聞』の読み方などを語り合ってきました。私たちのこういう考え方は二人で主宰している『複眼経済塾』というスクールでいつも話し合っていることです。

渡部　私たちが『複眼経済塾』をやろうとした一番の目的は、機関投資家だけでなく、株式投資に興味のある一般の人たちにもわかりやすく株式投資のノウハウを伝えていきたいということです。

エミン　誰にでも入手できる『会社四季報』や『日経新聞』を使っているというのが最大の特徴です。「ブルームバーグ」のようなマーケット情報や市場分析を提供している配信会社を利用して、「ブルームバーグではこのデータを使って、こういう分析をしている」と言ったところで、ブルームバーグの端末を持っていなければ個人で検証ができません。『会社四季報』や『日経新聞』は誰でも手に入れることができます。それはどんな人でも「株式投資のノウハウを学ぶことができる」ということです。

渡部　別の言い方をすれば、私たち専門家が行っている方法や同じような株式投資を、誰でも再現できるということです。実際に私たちは『会社四季報』や『日経新聞』を使った株式投資のノウハウを長年に渡って研究してきました。そのノウハウを伝えるということは、釣った魚を与えるということではなくて、魚の釣り方を教えるということと同じだと思っています。つまり、釣った魚を与えるだけでは、与えられたほうはそれ以上の魚を手にすることができませんが、魚の釣り方を教えてもらえれば、自分でいくらでも魚を釣ることができるようになるということです。

エミン　株式投資は何も特別の知識を持った特別の人だけが成功するのではなくて、勉強すれば誰にでも成功するチャンスがある世界です。

渡部　そのことに一人でも多くの人が気づいてくれれば、株式投資に対する考え方や社会の見方も変わっていくし、企業自身も変わっていかざるを得なくなっていく。「私たちは株式投資を通して世の中を変えていきたい」と思っています。

エミン　運用している株のポートフォリオを公開しているのも、自分たちの考え方に基づいてこういう投資をしていますよということをみんなに見せるためであり、けっして自慢したいわけでもなんでもありません。

渡部　証券会社の社員というのは、会社内の手続きが面倒で、ほとんど自分で株を運用できないような仕組みになっています。私は野村證券に23年も勤めてきましたが、実際に株を売り買いしたことはほとんどありませんでした。

エミン　人に勧めておいて自分は買わないというのはまったく変な話です。車のセールスマンが車の免許を持っていなかったとか、ラーメン屋さんが自分でつくったラーメンを一度も食べたことがないとかというのと同じです。

渡部　それはよくないということで、私たちは実際に株を運用し、その運用結果も含めてポートフォリオをすべて公開しています。口先でノウハウを語っているのではなくて、実際にこうして株の売買をしているということです。ただ、私たちは単にポートフォリオを公開しているだけであって、具体的にこの株を買ったほうがいいというような具体的なことは言いません。それは投資助言というまったく違った別の業務に該当してしまうためです。ただ単に私たちのポートフォリオを勝手に見てくださいというスタンスを取っています。

エミン　私たちが伝えようとしているのは株式投資のノウハウであって、そこから先の具体的な株の売買は自分で考えて、自分の責任でしてもらうしかありません。そうやってしか本当の意味で株式投資は学ぶことができません。自分で考えることができなければ、いつまで経っても株式投資で成功することもできないのです。ですから私たちの『複眼経済塾』は、いつでも誰でも参加できるというわけではありません。

渡部　誰でも参加できるとなると、それこそいろいろな人が入ってきます。ただ単に金を儲けたいだけの人とか、ただ単に自分の意見を披露したいだけのような人とか。そうなると真面目に勉強しようとしている人にとっては、ノイズでしかありません。ですから募集時期を絞っているのです。

エミン　いつでも参加できるようにして塾生を増やせば、それだけ『複眼経済塾』は儲かることになりますが、お金儲けでやっているわけではありません。もちろん、お金はある程度必要ですから塾生からお金はもらいますが、私たちの目的は自立した投資家を育てたいということです。私も渡部さんと同じ野村證券という会社に勤めていて、それなりの給料をもらっていましたが、お金だけが目的であればそのまま野村證券にいても良かった。しかし私たちは自分だけの利益というよりも、株式投資そのものの素晴らしさを一般の人に多く知ってもらいたいと考え、独立したのです。

渡部　中にはいろいろなことを言う人がいて、自分で儲かるノウハウを持っているなら他人に教えないで自分ひとりでやっていればいいじゃないか、と皮肉めいたことを言う人がいます。しかし、そういうレベルの話ではありません。

エミン　自分だけが儲ければいいというようなゼロサムの考えではありません。投資というのはその企業を応援することであり、それは日本経済そのものを良くしていく起爆剤にもなります。日本経済が良くなれば、それがめぐりめぐって自分にも返ってきますし、結果的にみんなの生活が良くなるということにつながっていきます。

渡部　株にしても、エミンの言うようにゼロサムではありません。一方が損をすることで一方が得をするというような考えで株式投資をやってはいけません。経済が発展して株が上昇していけば、たとえ株で損をすることがあっても取り返すことが可能ですし、高値で売り抜けたと思っても、その株がさらに上昇すれば、その株を買った人は儲かることになる。みんながみんな儲かれば、みんながみんな幸せになれるということです。

エミン　『複眼経済塾』には、そういう株式投資の根本みたいなことを理解できない人は来てほしくないし、勉強意欲がある人だけに集まってほしいと思っています。

渡部　実際に塾を辞めていく人は、銘柄だけが知りたいというような人が多いように思います。

エミン　『複眼経済塾』の塾生たちのレベルは極めて高い。ここまで志の高いコミュニティはほかにはないいんじゃないかな。

渡部　私たちはひと言でいえば、日本経済の応援団だと思っています。一人でも多くの人に株式投資の面白さを知ってもらうことで日本の企業を応援し、それがひいては日本経済を応援することになる。みんなで日本経済をバックアップしていきたいのです。

エミン　株式投資に興味を持つと、視野が広がります。自分の生活や日本の企業、日本経済や世界経済に対しても考え方が変わってきます。

渡部　株式投資から見えてくるもの。それは株式投資そのものだけでなく、自分の生活を豊かにし、毎日の仕事にも大いに役立つものです。特に心の豊かさはプライスレス。お金で買うことはできません。

エミン　株式投資とは、経済を応援すると同時に、自分の心を豊かにするものなのです。

おわりに

《エミン・ユルマズ》

私は今年で来日して23年目になりました。つまり、人生の半分以上を日本で過ごしたことになります。私が来日した1997年は、日本がまだバブル崩壊の後遺症に悩まされていて、山一證券が倒産した年です。とは言うものの、数年に一度は経済危機が起きるトルコから来た私は、日本の景気のどこが悪いのかさっぱりわかりませんでした。また、年間80%を超えるハイパーインフレの国から来た者として、デフレのどこが悪いのか当初は理解に苦しみました。

日本の不況はトルコの好景気より何倍もましでしたし、今もその構図は変わりません。出身国なのでトルコのことをあまり悪く言いたくありません。トルコも新興国の中ではわりといいほうだと思います。

ただ、それだけ日本のスタンダードが高かったということでしょう。日本がずっと不況だと言われている最中にも東京に高層ビルやキラキラのショッピングモールがたくさん建っていきました。衰退している産業がある一方で、成長している産業やビジネスセクターも多数ありました。日本のメディアがよく口にする「失われた30年」とは、世界標準で見ると本当に失われていたのか？　私は大いに疑問を持っています。

この30年間で日本はいろいろなサービスやコンテンツを生み出し、日本人の職場環境とライフクオリティーは大きく改善したと思います。平成は、バブル景気という資産価格が異常に膨張した時代と比べているから、悪く見えてしまっています。そもそもバブルというのは通常の状況ではありませんので、比較対象にするのは間違っています。平成時代の日本経済の評価は日本のメディアが伝えるほど悪くありません。

一方で、日本株については2012年末、つまり第二次安倍政権の発足までパフォーマンスがかなり悪かったのは私も同意見です。

米国株や中国株はグングン上がるのに日本株が冴えない時代が長く続きました。しかし、何事もそうであるようにそんな時代も永遠に続くものではなく、すでに終わっています。2013年に、新冷戦の開始とともに日本株も長期の上昇サイクルに入りました。このことについては、この本で対談した渡部清二と私の見解は100％一致していますが、二人は違うアプローチを使って同じ結論にたどり着きました。

日経平均は今後3年間でバブル時代の最高値である38915円を更新し、大阪万博が予定されている2025年までに5万円に到達。その後も調整を挟みなら上昇を続け、令和時代に30万円を超えると思います。

つまり、本のタイトルにもあるように、日本株に大きな上昇の波が押し寄せています。投資家としてこの波に乗らない手はありませんし、一般人としてもこの際、投資家にならない手はありません。何も仕事を辞めて専業トレーダーになれと言っているわけでなく、お金のために働く人が、お金の働かせ方も覚えるべきだと言っているのです。

もちろん、すべてがバラ色というわけではありません。相場には常にリスクが潜んでいます。投資で成功するためには、まずバブル崩壊後のメンタリティを変える必要があります。新しい時代には、新しい考え方が必要です。

この本で、その新しい考え方と、投資に必要な基礎知識を得るためのツールの使い方を解説させて頂きました。渡部清二は私の証券会社時代の上司であり、日本株のことをすべて一から教えてもらった師匠です。『会社四季報』の読み方も、日経新聞の正しい読み方もすべて彼から教わりました。

しかし、不思議なことに彼の投資スタイル・好きな銘柄と私の投資スタイル・好きな銘柄は一致しません。投資に対する基本的な考え方が一緒でも、さまざまな投資スタイルがあります。それが投資の面白さであり、単にお金儲けで片づけられない魅力の一つです。

投資にはいろいろな視点が必要ですから、私たちが立ち上げた日本株のリサーチハウス兼投資スクールの名前を複眼経済塾にしました。

この本ではその複眼的なアプローチを紹介し、令和時代に訪れる日本株の大相場に乗り遅れないための知識を簡潔に対談方式で解説しました。

日本のすべての個人投資家に参考にして頂きたい内容です。

エミン・ユルマズ

渡部清二
×
エミン・ユルマズ

構成／岩田元喜

※図版は特に指定がない限り『複眼経済塾』の資料より
本書は著者の株式投資への考え方や方法を説明したものです。
投資は自己責任に基づき、ご自身で判断をお願いします。

ウィズコロナ 日本株にビッグウェーブがやって来る！

2020年10月30日　第1刷発行
2020年12月30日　第2刷発行

著　者　渡部清二　エミン・ユルマズ

発行人　岩尾悟志
発行所　株式会社かや書房
〒162-0805
東京都新宿区矢来町113　神楽坂升本ビル3F
電話　03-5225-3732（営業部）

印刷・製本　中央精版印刷株式会社

ISBN978-4-910364-00-1 C0036